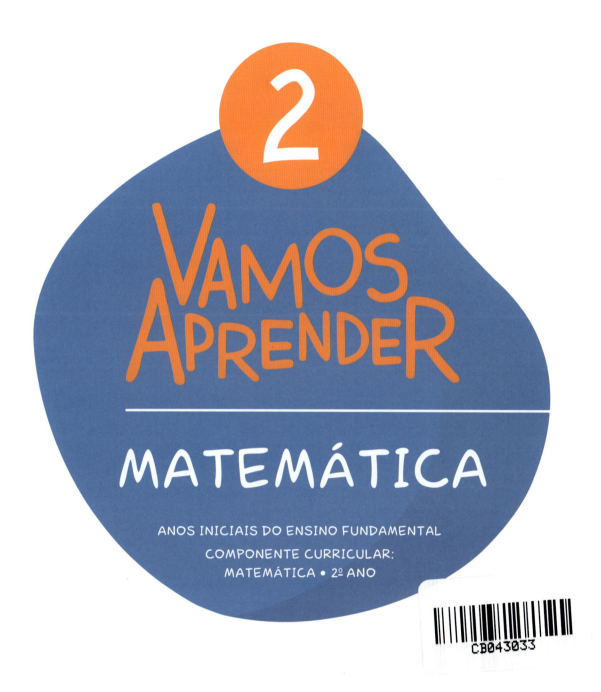

2

VAMOS
APRENDER

MATEMÁTICA

ANOS INICIAIS DO ENSINO FUNDAMENTAL

COMPONENTE CURRICULAR:
MATEMÁTICA • 2º ANO

Eduardo Chavante

Licenciado em Matemática pela Pontifícia Universidade Católica do Paraná (PUC-PR).
Atua como professor da rede pública de Ensino Fundamental e Ensino Médio no estado do Paraná.
Autor de livros didáticos para o Ensino Fundamental.

Jacqueline Garcia

Licenciada em Matemática pela Universidade Estadual de Londrina (UEL-PR).
Especialista em Psicopedagogia pela UEL-PR.
Atuou como professora na rede particular em Educação Infantil, Ensino Fundamental e
Ensino Médio no estado do Paraná.
Realiza palestras e assessorias para professores em escolas particulares.

São Paulo, 1ª edição, 2017

sm

Vamos aprender Matemática 2
© Edições SM Ltda.
Todos os direitos reservados

Direção editorial	M. Esther Nejm
Gerência editorial	Cláudia Carvalho Neves
Gerência de *design* e produção	André Monteiro
Coordenação de *design*	Gilciane Munhoz
Coordenação de arte	Melissa Steiner Rocha Antunes, Ulisses Pires
Coordenação de iconografia	Josiane Laurentino
Coordenação de preparação e revisão	Cláudia Rodrigues do Espírito Santo
Suporte editorial	Alzira Bertholim Meana
Produção editorial	Scriba Soluções Editoriais
Supervisão de produção	Priscilla Cornelsen Rosa
Edição	Lucília Franco Lemos dos Santos, Daiane Gomes de Lima Carneiro
Preparação de texto	Claudia Maietta
Revisão	Vanessa Carneiro Rodrigues
Edição de arte	Mary Vioto, Barbara Sarzi, Janaina Oliveira
Pesquisa iconográfica	André Silva Rodrigues, Soraya Pires Momi
Tratamento de imagem	José Vitor E. Costa
Capa	João Brito, Carla Almeida Freire
Imagem de capa	Fernando Volken Togni
Projeto gráfico	Marcela Pialarissi, Rogério C. Rocha
Editoração eletrônica	Renan Fonseca
Fabricação	Alexander Maeda
Impressão	Pifferprint

Em respeito ao meio ambiente, as folhas deste livro foram produzidas com fibras obtidas de árvores de florestas plantadas, com origem certificada.

Dados Internacionais de Catalogação na Publicação (CIP)
(Câmara Brasileira do Livro, SP, Brasil)

Garcia, Jacqueline da Silva Ribeiro
 Vamos aprender matemática, 2º ano : ensino
 fundamental, anos iniciais / Jacqueline da Silva
 Ribeiro Garcia, Eduardo Rodrigues Chavante. –
 1. ed. – São Paulo : Edições SM, 2017.

 Suplementado pelo manual do professor.
 Bibliografia.

 ISBN 978-85-418-2002-8 (aluno)
 ISBN 978-85-418-2003-5 (professor)

 1. Matemática (Ensino fundamental) I. Chavante,
 Eduardo Rodrigues. II. Título.

 17-11084   CDD-372.7

Índices para catálogo sistemático:
1. Matemática : Ensino fundamental 372.7

1ª edição, 2017
2ª impressão, 2019

Edições SM Ltda.
Rua Tenente Lycurgo Lopes da Cruz, 55
Água Branca 05036-120 São Paulo SP Brasil
Tel. 11 2111-7400
edicoessm@grupo-sm.com
www.edicoessm.com.br

APRESENTAÇÃO

CARO ALUNO, CARA ALUNA,

CONHECER MAIS SOBRE NÓS MESMOS E A NOSSA SOCIEDADE É MUITO IMPORTANTE PARA COMPREENDERMOS E TRANSFORMARMOS O MUNDO EM QUE VIVEMOS.

PENSANDO NISSO, CRIAMOS ESTE LIVRO PARA VOCÊ, POIS, SEM UM LEITOR, ELE SERIA APENAS UM APANHADO DE LETRAS, NÚMEROS E SÍMBOLOS. SABEMOS QUE EM SUAS MÃOS ELE SE TORNARÁ UMA PODEROSA FERRAMENTA, CAPAZ DE AMPLIAR ESSES CONHECIMENTOS.

AO ELABORAR ESTA COLEÇÃO, CONSIDERAMOS SEU APRENDIZADO E SEU DESENVOLVIMENTO DENTRO E FORA DA SALA DE AULA. ASSIM, VOCÊ TERÁ A OPORTUNIDADE DE LER, ESCREVER, PINTAR, DESENHAR, PESQUISAR, ENTREVISTAR, COMPLETAR ESQUEMAS, RELACIONAR INFORMAÇÕES, ANALISAR IMAGENS, FAZER EXPERIÊNCIAS E CONSTRUÇÕES E JOGAR. COM TUDO ISSO, VOCÊ VAI PERCEBER QUE ESTUDAR É MUITO DIVERTIDO!

BOM ESTUDO!

SUMÁRIO

UNIDADE 1

NÚMEROS ATÉ 100 6

ESTUDANDO OS NÚMEROS 7
PARA FAZER JUNTOS! 14
APRENDA MAIS! 16

COMPARANDO NÚMEROS 18

ORDINAIS 22

PAR E ÍMPAR 27
DIVIRTA-SE E APRENDA
JOGO DO PAR E ÍMPAR 30

SISTEMA MONETÁRIO 31

UNIDADE 2

FIGURAS GEOMÉTRICAS ESPACIAIS 36

RECONHECENDO FIGURAS GEOMÉTRICAS ESPACIAIS 37
PARA FAZER JUNTOS! 41
APRENDA MAIS! 43
MATEMÁTICA NA PRÁTICA 44

UNIDADE 3

ADIÇÃO E SUBTRAÇÃO 1 48

RETOMANDO A ADIÇÃO 49

ADIÇÃO SEM REAGRUPAMENTO 53
APRENDA MAIS! 55

ADIÇÃO COM REAGRUPAMENTO 58

RETOMANDO A SUBTRAÇÃO 62
POR DENTRO DO TEMA
POUPAR PARA CONQUISTAR 64

SUBTRAÇÃO SEM REAGRUPAMENTO 66
APRENDA MAIS! 67

SUBTRAÇÃO COM REAGRUPAMENTO 70

UNIDADE 4

FIGURAS GEOMÉTRICAS PLANAS 78

RECONHECENDO FIGURAS PLANAS 79
APRENDA MAIS! 80
DIVIRTA-SE E APRENDA
BINGO DAS FIGURAS GEOMÉTRICAS PLANAS 86
MATEMÁTICA NA PRÁTICA 87

UNIDADE 5

LOCALIZAÇÃO E CAMINHOS 88

ESTUDANDO LOCALIZAÇÃO E CAMINHOS 89
MATEMÁTICA NA PRÁTICA 90
PARA FAZER JUNTOS! 93
POR DENTRO DO TEMA
SEM SAIR DO PERCURSO 96

UNIDADE 6

NÚMEROS ATÉ 1 000 98

CONHECENDO MAIS NÚMEROS 99
O NÚMERO MIL 106

SEQUÊNCIAS E COMPARAÇÕES 109

MATEMÁTICA NA PRÁTICA............109
POR DENTRO DO TEMA
FOCO CONTRA A DENGUE..................112
PARA FAZER JUNTOS!.............115

UNIDADE 7 MEDIDAS 1 118

MEDIDAS DE
COMPRIMENTO 119
REALIZANDO MEDIÇÕES 119
PARA FAZER JUNTOS! 120
O CENTÍMETRO 122
APRENDA MAIS! 123
O MILÍMETRO 124
O METRO 126
MATEMÁTICA NA PRÁTICA............127
PARA FAZER JUNTOS! 127
MATEMÁTICA NA PRÁTICA............129

MEDIDAS DE CAPACIDADE 130
O LITRO.................................132
O MILILITRO..........................134

UNIDADE 8 TRATAMENTO DA INFORMAÇÃO 138

TABELAS 139
GRÁFICOS.............................142
MATEMÁTICA NA PRÁTICA............146
NOÇÕES DE PROBABILIDADE 147

UNIDADE 9 ADIÇÃO E SUBTRAÇÃO 2 150

ADIÇÃO...............................151
POR DENTRO DO TEMA
CIDADE MAIS VERDE 158
SUBTRAÇÃO...........................160

UNIDADE 10 MULTIPLICAÇÃO E DIVISÃO 168

MULTIPLICAÇÃO 169
ADIÇÃO DE PARCELAS IGUAIS.........169
MULTIPLICANDO POR 2 E 3 171
MULTIPLICANDO POR 4 E 5.............175
MATEMÁTICA NA PRÁTICA............177
PARA FAZER JUNTOS! 178
DIVIRTA-SE E APRENDA
CAÇA-NÚMEROS 181

DIVISÃO................................182
DIVISÃO POR 2.......................183
DIVISÃO POR 3, 4 E 5................187
APRENDA MAIS!....................190

UNIDADE 11 MEDIDAS 2.............192

MEDIDAS DE TEMPO...................193
OS MESES E O ANO 193
A SEMANA...........................196
O RELÓGIO..........................198
MATEMÁTICA NA PRÁTICA............199

MEDIDAS DE MASSA 202
FAZENDO COMPARAÇÕES...............202
CONHECENDO O
QUILOGRAMA E O GRAMA.............204
MATEMÁTICA NA PRÁTICA............208

BIBLIOGRAFIA.........................210
MATERIAL PARA RECORTE............211

CONHEÇA OS ÍCONES

 RESPONDA À ATIVIDADE ORALMENTE.

 A ATIVIDADE É DESAFIADORA.

 LEIA E INTERPRETE INFORMAÇÕES CONTIDAS EM GRÁFICO E TABELA.

 A ATIVIDADE ENVOLVE ILUSÃO DE ÓPTICA.

 RESOLVA NO CADERNO.

 UTILIZE A CALCULADORA.

 EFETUE OS CÁLCULOS MENTALMENTE.

 REALIZE ESTIMATIVAS OU APROXIMAÇÕES.

1 NÚMEROS ATÉ 100

POMBOS VOANDO AO AMANHECER, PRÓXIMO À BASÍLICA DE SANTA MARIA, EM CRACÓVIA, NA POLÔNIA, EM 2017.

RossHelen/iStock/Getty Images

PONTO DE PARTIDA

1. EM SUA OPINIÃO, NESTA FOTO HÁ MAIS POMBOS CAMINHANDO NO CHÃO OU VOANDO NA PRAÇA?

2. SEM CONTAR UM A UM, DIGA QUANTOS POMBOS APARECEM NESSA CENA.

ESTUDANDO OS NÚMEROS

1. CLÓVIS REALIZOU UMA PESQUISA PARA DETERMINAR A COR PREFERIDA DE SEUS COLEGAS. VEJA COMO ELE REGISTROU A QUANTIDADE DE VOTOS.

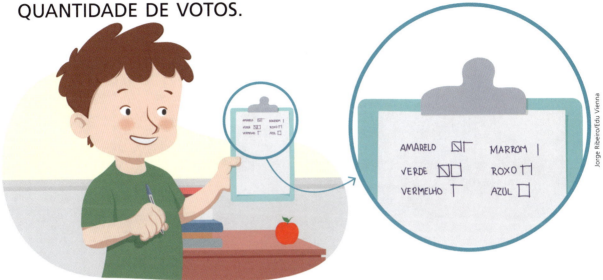

TAMBÉM PODEMOS REGISTRAR QUANTIDADES UTILIZANDO OS SÍMBOLOS 0, 1, 2, 3, 4, 5, 6, 7, 8 E 9, CHAMADOS **ALGARISMOS**. NO EXEMPLO, 7 PESSOAS PREFEREM AMARELO E 4 PESSOAS PREFEREM AZUL.

A. ESCREVA, UTILIZANDO ALGARISMOS, A QUANTIDADE DE VOTOS QUE AS OUTRAS CORES RECEBERAM.

VERDE: _____ VOTOS.

MARROM: _____ VOTO.

VERMELHO: _____ VOTOS.

ROXO: _____ VOTOS.

B. QUE COR RECEBEU A MAIOR QUANTIDADE DE VOTOS? _____

2. ESCREVA O NÚMERO QUE REPRESENTA A QUANTIDADE DE PÁSSAROS QUE HÁ NA CENA. _____

3. NAS CENAS, AS TRÊS AMIGAS ESTÃO COMENDO MELANCIA.

A. QUANTAS FATIAS DE MELANCIA APARECEM NA BANDEJA NA

CENA **A**? _____ FATIAS.

B. QUANTAS FATIAS DE MELANCIA APARECEM NA BANDEJA NA

CENA **B**? _____ FATIA.

PARA INDICAR QUE NÃO HÁ FATIAS DE MELANCIA NA BANDEJA
NA CENA **B**, USAMOS O NÚMERO **0** (**ZERO**).

4. LIGUE CADA BANDEJA AO NÚMERO QUE REPRESENTA A
QUANTIDADE DE BOLINHAS QUE ELA CONTÉM.

| UM | 6 | 4 | ZERO | 7 | NOVE |

5. O PINTOR JASPER JOHNS É CONHECIDO POR SEUS DESENHOS E PINTURAS DE NÚMEROS. VEJA UMA DE SUAS OBRAS.

Museu Tate Modern, Londres (Inglaterra). Fotografia: Album/Fotoarena. © Jasper Johns/AUTVIS, Brasil, 2017

0 A 9, DE JASPER JOHNS. ÓLEO SOBRE TELA. 1961.

A. QUAIS ALGARISMOS VOCÊ IDENTIFICA NESSA OBRA?

B. COMPARE OS ALGARISMOS QUE VOCÊ IDENTIFICOU COM OS DE SEUS COLEGAS.

C. MOSTRE A SEUS COLEGAS ONDE ESTÃO, NA TELA, OS ALGARISMOS QUE VOCÊ IDENTIFICOU.

6. O TRANSPORTE COLETIVO PÚBLICO MAIS UTILIZADO NO BRASIL É O ÔNIBUS. VEJA A FILA EM UM PONTO DE ÔNIBUS EM DOIS MOMENTOS DIFERENTES.

MOMENTO 1

MOMENTO 2

Ilustrações: Waldomiro Neto

A. QUANTAS PESSOAS HÁ NA FILA NO MOMENTO 1? _____ PESSOAS.

B. QUANTAS PESSOAS HÁ NA FILA NO MOMENTO 2? _____ PESSOAS.

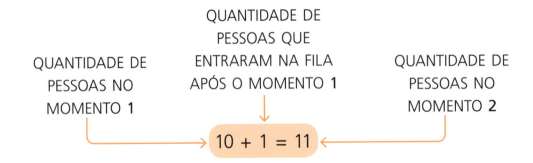

| QUANTIDADE DE PESSOAS NO MOMENTO 1 | QUANTIDADE DE PESSOAS QUE ENTRARAM NA FILA APÓS O MOMENTO 1 | QUANTIDADE DE PESSOAS NO MOMENTO 2 |

$$10 + 1 = 11$$

NO MOMENTO 2, HÁ **1 DEZENA** E **1 UNIDADE** DE PESSOAS NA FILA, OU SEJA, **ONZE** PESSOAS.

C. DE ACORDO COM AS RESPOSTAS ANTERIORES, O QUE HÁ DE DIFERENTE DO MOMENTO 1 PARA O MOMENTO 2?

PODEMOS REPRESENTAR O NÚMERO **11**
NO **QUADRO DE ORDENS** E NO **ÁBACO**.

DEZENA	UNIDADE
1	1

7. CONTORNE OS CUBINHOS FORMANDO GRUPOS DE 10 UNIDADES.
EM SEGUIDA, COMPLETE.

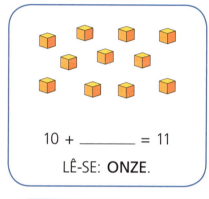

10 + _____ = 11
LÊ-SE: **ONZE**.

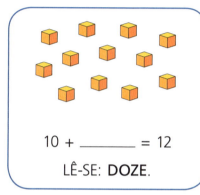

10 + _____ = 12
LÊ-SE: **DOZE**.

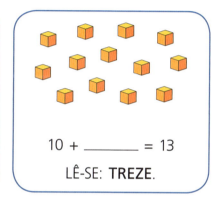

10 + _____ = 13
LÊ-SE: **TREZE**.

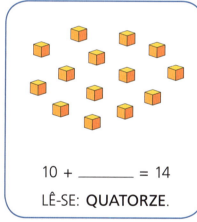

10 + _____ = 14
LÊ-SE: **QUATORZE**.

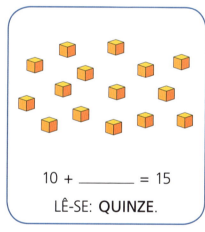

10 + _____ = 15
LÊ-SE: **QUINZE**.

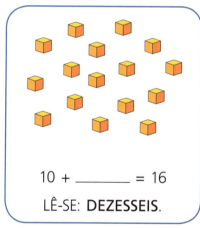

10 + _____ = 16
LÊ-SE: **DEZESSEIS**.

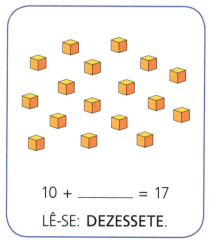

10 + _____ = 17
LÊ-SE: **DEZESSETE**.

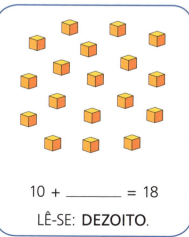

10 + _____ = 18
LÊ-SE: **DEZOITO**.

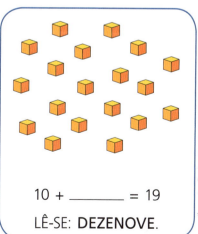

10 + _____ = 19
LÊ-SE: **DEZENOVE**.

8. FABIANA REPRESENTOU O NÚMERO 27 UTILIZANDO **CUBINHOS**.

CADA CUBINHO EQUIVALE A UMA UNIDADE.

EM SEGUIDA, ELA SEPAROU ESSES CUBINHOS EM GRUPOS DE 10 UNIDADES, OU SEJA, EM GRUPOS COM **UMA DEZENA** DE CUBINHOS.

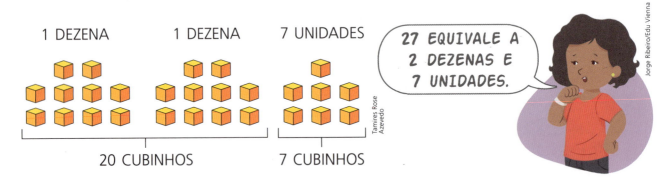

1 DEZENA   1 DEZENA   7 UNIDADES

20 CUBINHOS   7 CUBINHOS

27 EQUIVALE A 2 DEZENAS E 7 UNIDADES.

OBSERVE AO LADO A DECOMPOSIÇÃO DESSE NÚMERO E SUA REPRESENTAÇÃO NO **QUADRO DE ORDENS**.

D	U
2	7

$$27 = 20 + 7$$

AGORA, CONTORNE OS CUBINHOS FORMANDO GRUPOS DE 10.

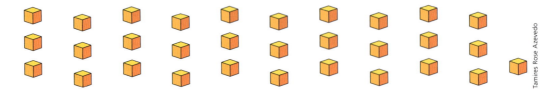

DE ACORDO COM ESSES AGRUPAMENTOS, COMPLETE OS ITENS E O QUADRO DE ORDENS.

D	U

- _____ DEZENAS DE CUBINHOS.

- _____ CUBINHO DESAGRUPADO.

- _____ CUBINHOS NO TOTAL. $31 = $ _____ $+ 1$

- _____ EQUIVALE A _____ DEZENAS E _____ UNIDADE.

9. AO AGRUPARMOS 10 CUBINHOS, OBTEMOS **UMA DEZENA** DE CUBINHOS, QUE REPRESENTAMOS POR UMA **BARRA**.

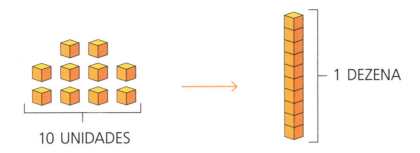

VEJA COMO PODEMOS REPRESENTAR O NÚMERO **23** E COMPLETE COM O QUE FALTA.

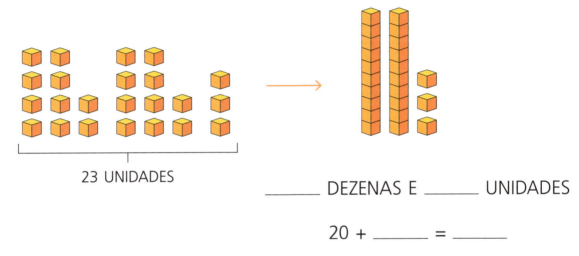

23 UNIDADES

_____ DEZENAS E _____ UNIDADES

20 + _____ = _____

AGORA, COMPLETE COM O QUE FALTA.

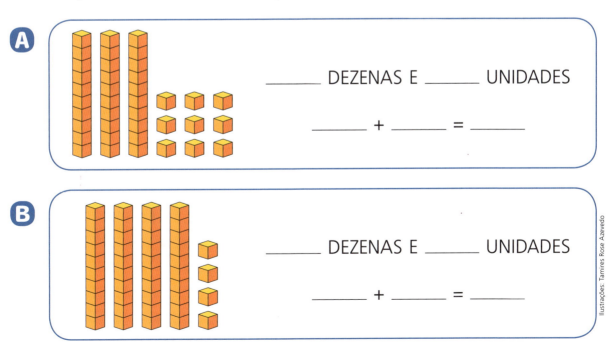

A

_____ DEZENAS E _____ UNIDADES

_____ + _____ = _____

B

_____ DEZENAS E _____ UNIDADES

_____ + _____ = _____

10. PATRÍCIA REPRESENTOU O NÚMERO **95** EM UM **ÁBACO**.

UTILIZANDO ALGARISMOS, ESCREVA O NÚMERO REPRESENTADO EM CADA ÁBACO.

Alexandre Barvik

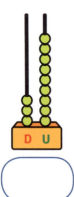

Ⓐ

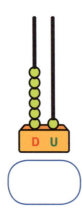

Ⓑ

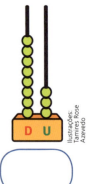

Ⓒ

Ilustrações: Tamires Rose Azevedo

PARA FAZER JUNTOS!

JUNTE-SE A UM COLEGA E OBSERVEM AS FICHAS.

7 DEZENAS   8 DEZENAS

3 UNIDADES   5 UNIDADES   9 UNIDADES

VEJAM COMO ALFREDO COMPÔS UM NÚMERO UTILIZANDO UMA FICHA **VERMELHA** E UMA **AMARELA**.

Heloísa Pintarelli

7 DEZENAS + 5 UNIDADES

70 + 5 = 75

SETENTA E CINCO

7 DEZENAS

5 UNIDADES

- DE MANEIRA SEMELHANTE À DE ALFREDO, FORMEM CINCO NÚMEROS USANDO AS FICHAS. DEPOIS, ESCREVAM ESSES NÚMEROS COM ALGARISMOS E POR EXTENSO.

11. JULIANA ESTÁ MONTANDO UM QUEBRA-CABEÇA.

A. COMPLETE PARA DESCOBRIR QUANTAS PEÇAS HÁ NO QUEBRA-CABEÇA.

99 + 1

100

Ilustrações: Jorge Ribeiro/Edu Vienna

PORTANTO, NESSE QUEBRA-CABEÇA HÁ _____ (**CEM**) PEÇAS OU UMA **CENTENA** DE PEÇAS.

B. VOCÊ JÁ MONTOU UM QUEBRA-CABEÇA? SE SIM, CONTE SUA EXPERIÊNCIA PARA SEUS COLEGAS E PROFESSOR.

12. VIMOS QUE, AO AGRUPARMOS DEZ CUBINHOS, OBTEMOS UMA BARRA.

AGORA, VAMOS AGRUPAR DEZ BARRAS.

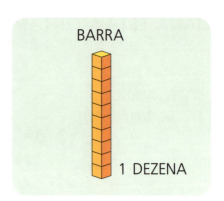

BARRA

1 DEZENA

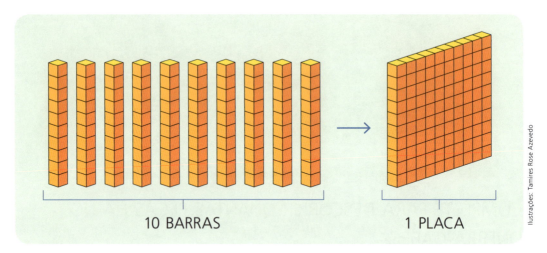

10 BARRAS

1 PLACA

Ilustrações: Tamires Rose Azevedo

AO AGRUPARMOS 10 BARRAS OBTEMOS UMA **PLACA**, QUE REPRESENTA UMA **CENTENA**.

A. UMA CENTENA EQUIVALE A _____ DEZENAS.

B. CEM UNIDADES EQUIVALEM A UMA _____.

APRENDA MAIS!

É VERÃO! AS FÉRIAS CHEGAM E A TURMA TODA RESOLVE COLOCAR OS PÉS NA AREIA E UTILIZAR OS DEDOS DOS PÉS PARA CONTAR DE DEZ EM DEZ. O LIVRO *PÉS NA AREIA* RELATA O QUE ELES FIZERAM NA PRAIA PARA SE DIVERTIR.

PÉS NA AREIA: CONTANDO DE DEZ EM DEZ, DE MICHAEL DAHL. SÃO PAULO: HEDRA EDUCAÇÃO, 2012.

Hedra/Arquivo da editora

13. MADALENA COMPÔS UMA FITA NUMERADA DE **1** A **100**.

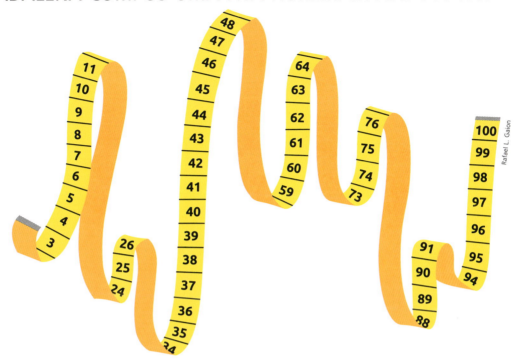

O NÚMERO **10** É UM DOS NÚMEROS TERMINADOS EM ZERO QUE ESTÃO VISÍVEIS NESSA FITA.

- ESCREVA TODOS OS NÚMEROS TERMINADOS EM ZERO QUE PODERÃO SER OBSERVADOS QUANDO A FITA ESTIVER ESTICADA.

___

14. COMPLETE AS SEQUÊNCIAS COM OS NÚMEROS QUE ESTÃO FALTANDO.

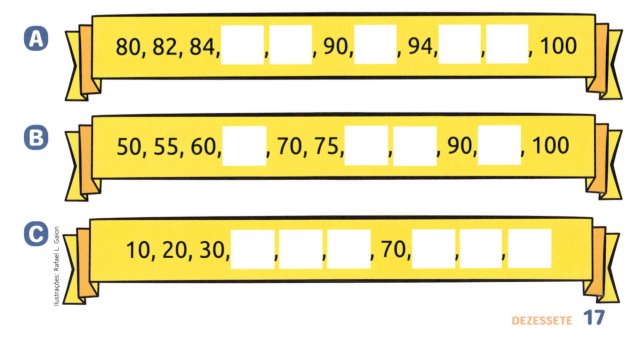

A 80, 82, 84, ___ , ___ , 90, ___ , 94, ___ , ___ , 100

B 50, 55, 60, ___ , 70, 75, ___ , ___ , 90, ___ , 100

C 10, 20, 30, ___ , ___ , ___ , 70, ___ , ___ , ___

COMPARANDO NÚMEROS

1. AS PESSOAS QUE VIVEM NA ÁREA RURAL, GERALMENTE, CULTIVAM PLANTAÇÕES E CRIAM ANIMAIS. VEJA A CENA ABAIXO, QUE MOSTRA PARTE DE UM SÍTIO.

José Luís Juhas

A. ALÉM DOS SERES HUMANOS, QUANTOS ANIMAIS HÁ NESSA

CENA? _____ ANIMAIS.

B. DE ACORDO COM A CENA, COMPLETE CADA FRASE COM A PALAVRA **MAIOR**, **MENOR** OU **IGUAL**.

- A QUANTIDADE DE CACHORROS É _____ À QUANTIDADE DE GATOS.

- A QUANTIDADE DE PORCOS É _____ DO QUE A QUANTIDADE DE GALINHAS.

- A QUANTIDADE DE VACAS É _____ DO QUE A QUANTIDADE DE CAVALOS.

C. NESSE SÍTIO HÁ MAIS GALINHAS, PORCOS OU VACAS?

_____

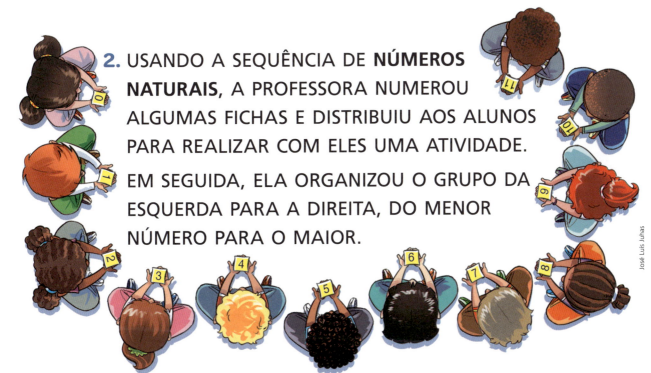

2. USANDO A SEQUÊNCIA DE **NÚMEROS NATURAIS,** A PROFESSORA NUMEROU ALGUMAS FICHAS E DISTRIBUIU AOS ALUNOS PARA REALIZAR COM ELES UMA ATIVIDADE.

EM SEGUIDA, ELA ORGANIZOU O GRUPO DA ESQUERDA PARA A DIREITA, DO MENOR NÚMERO PARA O MAIOR.

José Luis Juhas

A. QUAL É O PRIMEIRO NÚMERO DESSA SEQUÊNCIA? _____

B. OS NÚMEROS A SEGUIR FAZEM PARTE DA SEQUÊNCIA DOS NÚMEROS NATURAIS. COMPLETE CADA ITEM COM A PALAVRA **MAIOR** OU **MENOR.**

- 6 É _____ DO QUE 12.

- 19 É _____ DO QUE 11.

- 20 É _____ DO QUE 14.

- 10 É _____ DO QUE 13.

3. OBSERVE OS NÚMEROS QUE APARECEM NAS FICHAS.

17	36	34	68

13	72	22	29

25	94	42

A. PINTE DE AZUL AS FICHAS COM NÚMEROS MAIORES DO QUE 20 E MENORES DO QUE 35.

B. PINTE DE AMARELO AS FICHAS COM NÚMEROS MAIORES DO QUE 51.

C. ESCREVA TODOS OS NÚMEROS QUE APARECEM NAS FICHAS, DO MENOR PARA O MAIOR.

4. OBSERVE COMO ANA E FELIPE ORGANIZARAM OS NÚMEROS DAS FICHAS AO LADO.

A. O QUE SIGNIFICA ORGANIZAR OS NÚMEROS EM **ORDEM CRESCENTE**?

_____

B. O QUE SIGNIFICA ORGANIZAR OS NÚMEROS EM **ORDEM DECRESCENTE**?

_____

5. ESCREVA OS NÚMEROS APRESENTADOS NAS FICHAS EM ORDEM:

- CRESCENTE. _____

- DECRESCENTE. _____

6. COMPLETE O ESQUEMA.

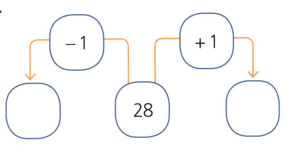

AO COMPLETAR O PRIMEIRO QUADRO DO ESQUEMA, VOCÊ ESCREVEU O NÚMERO NATURAL QUE VEM IMEDIATAMENTE ANTES DE 28. ESSE NÚMERO É O **ANTECESSOR** DE 28.

NO SEGUNDO QUADRO, VOCÊ ESCREVEU O NÚMERO NATURAL QUE VEM IMEDIATAMENTE APÓS O 28. ESSE NÚMERO É O **SUCESSOR** DE 28.

7. COMPLETE A SEQUÊNCIA NUMÉRICA DE ACORDO COM A REGRA INDICADA.

Rafael L. Gaion

A. QUAL É O ANTECESSOR DO NÚMERO **49**?

_____

B. ESCREVA O SUCESSOR DO NÚMERO **55**.

_____

C. ESCREVA O ANTECESSOR E O SUCESSOR DO NÚMERO **58**. _____

D. QUAL É O SUCESSOR DO NÚMERO **52**?

_____

ORDINAIS

1. PARA INICIAR UM JOGO DE LUDO, OS PARTICIPANTES COMBINARAM DE LANÇAR O DADO PARA DECIDIR A VEZ. AQUELE QUE OBTIVESSE A MAIOR PONTUAÇÃO INICIARIA O JOGO.

OBSERVE OS PONTOS QUE ELES OBTIVERAM.

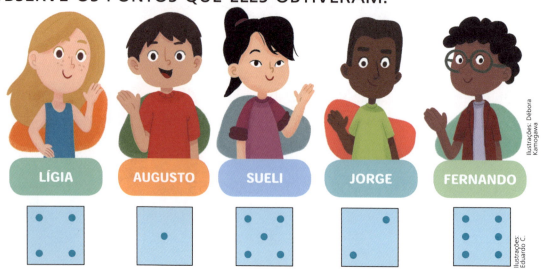

Ilustrações: Débora Kamogawa

Ilustrações: Eduardo C.

A. QUAL DOS PARTICIPANTES INICIOU O JOGO? _____

B. O PARTICIPANTE QUE OBTEVE A MENOR PONTUAÇÃO NO DADO FOI O ÚLTIMO A JOGAR. QUAL É O NOME DESSE PARTICIPANTE?

_____

C. PODEMOS REPRESENTAR A ORDEM EM QUE CADA UM JOGOU UTILIZANDO **ORDINAIS**.

FERNANDO	SUELI	LÍGIA	JORGE	AUGUSTO
1º	2º	3º	4º	5º
PRIMEIRO	SEGUNDO	TERCEIRO	QUARTO	QUINTO

AGORA, ESCREVA POR EXTENSO OS SEGUINTES ORDINAIS.

6º

7º

8º

9º

10º

2. ORGANIZE AS CRIANÇAS A SEGUIR DA MAIS BAIXA PARA A MAIS ALTA, ESCREVENDO O ORDINAL CORRESPONDENTE.

MÁRIO   ANA   JOÃO   ERNESTO   SÔNIA   GABRIELA   RUBENS

Ilustrações: Débora Kamogawa

3. ESCREVA O ORDINAL CORRESPONDENTE À POSIÇÃO DE CADA ATLETA NESSE MOMENTO DA CORRIDA.

Waldomiro Neto

QUE CURIOSO!

VELOCIDADE SOBRE RODAS

A ATLETA PARAOLÍMPICA BRASILEIRA ALINE ROCHA PARTICIPA DE PROVAS DE CORRIDA NO ATLETISMO DE CADEIRA DE RODAS.

EM 2015, ELA FOI A ÚNICA MULHER COMPETINDO ENTRE CADEIRANTES NA CORRIDA DE SÃO SILVESTRE. ELA SUPEROU TODOS OS COMPETIDORES HOMENS E FOI CAMPEÃ PELA QUARTA VEZ.

ATLETA PARAOLÍMPICA: ATLETA QUE PARTICIPA DE JOGOS OLÍMPICOS PARA PESSOAS COM DEFICIÊNCIA

Fernanda Paradizo/Fotoarena

ATLETA BRASILEIRA ALINE ROCHA, DURANTE A DISPUTA DA 92ª CORRIDA INTERNACIONAL DE SÃO SILVESTRE, NA CIDADE DE SÃO PAULO, EM 2016.

4. O JAPÃO É O **10º** PAÍS MAIS POPULOSO DO MUNDO, ENQUANTO A FRANÇA É O **22º**.

PEDESTRES ATRAVESSANDO UMA RUA EM TÓQUIO, NO JAPÃO, EM 2017.

A. QUAL PAÍS É MAIS POPULOSO: JAPÃO OU FRANÇA?

_____

B. ESCREVA OS ORDINAIS APRESENTADOS ACIMA POR EXTENSO.

10º _____   **22º** _____

C. COMPLETE A SEQUÊNCIA DE ORDINAIS UTILIZANDO ALGARISMOS.

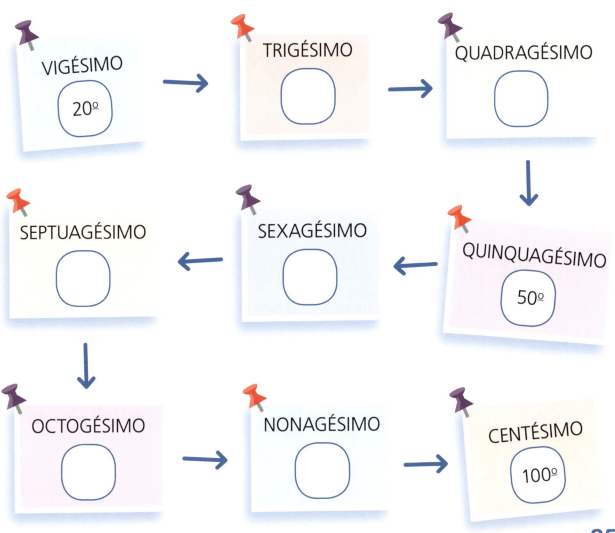

VIGÉSIMO
20º

TRIGÉSIMO
○

QUADRAGÉSIMO
○

SEPTUAGÉSIMO
○

SEXAGÉSIMO
○

QUINQUAGÉSIMO
50º

OCTOGÉSIMO
○

NONAGÉSIMO
○

CENTÉSIMO
100º

5. ESCREVA POR EXTENSO OS ORDINAIS ABAIXO.

A. 99º _____

B. 61º _____

C. 84º _____

D. 36º _____

6. RODRIGO CONFECCIONOU PEÇAS COM CARTOLINA E AS ORGANIZOU OBEDECENDO A UMA SEQUÊNCIA.

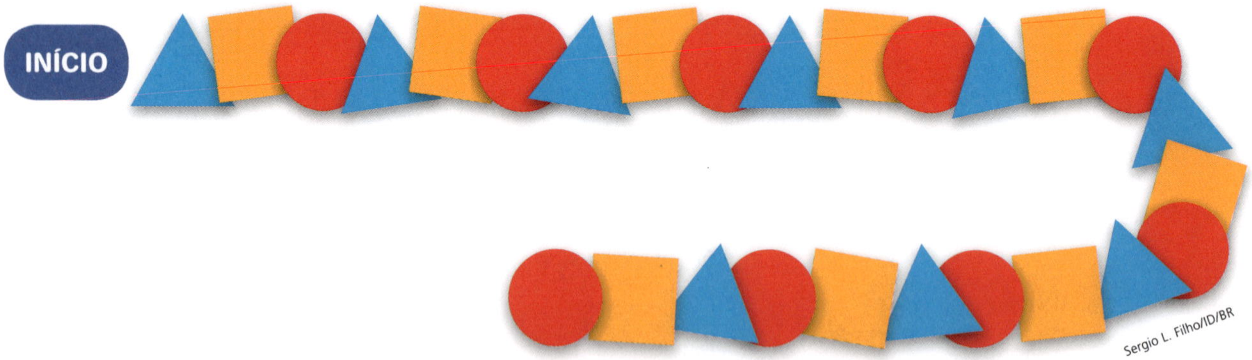

INÍCIO

Sergio L. Filho/ID/BR

A. A PRIMEIRA PEÇA COLOCADA NA SEQUÊNCIA LEMBRA QUE

FIGURA PLANA? _____

B. A SEXTA PEÇA COLOCADA NESSA SEQUÊNCIA LEMBRA QUE

FIGURA PLANA? _____

C. ESCREVA QUAL PEÇA LEMBRA A FIGURA PLANA COLOCADA EM:

12º	20º	26º
DÉCIMO SEGUNDO	VIGÉSIMO	VIGÉSIMO SEXTO
_____	_____	_____

PAR E ÍMPAR

1. A PROFESSORA MARIA LEVOU PARA A SALA DE AULA DUAS CAIXAS COM BOLINHAS.

AQUI HÁ DUAS CAIXAS COM QUANTIDADES DIFERENTES DE BOLINHAS.

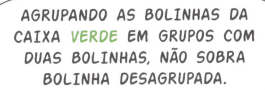

AGRUPANDO AS BOLINHAS DA CAIXA VERDE EM GRUPOS COM DUAS BOLINHAS, NÃO SOBRA BOLINHA DESAGRUPADA.

AGRUPANDO AS BOLINHAS DA CAIXA AZUL EM GRUPOS COM DUAS BOLINHAS, SOBRA UMA.

QUANDO AGRUPAMOS ELEMENTOS EM GRUPOS DE DOIS E NÃO HÁ SOBRA, O NÚMERO QUE REPRESENTA A QUANTIDADE DE ELEMENTOS É PAR. SE HÁ SOBRA, O NÚMERO É ÍMPAR.

Ilustrações: José Luís Juhas

A. DE ACORDO COM A AFIRMAÇÃO DA PROFESSORA, O NÚMERO QUE REPRESENTA A QUANTIDADE DE BOLINHAS QUE ESTAVAM NA CAIXA VERDE É PAR OU ÍMPAR? _____

B. E NA CAIXA AZUL? _____

2. CONTORNE DE 2 EM 2 OS OBJETOS QUE APARECEM EM CADA QUADRO. EM SEGUIDA, RESPONDA AO QUE SE PEDE.

A

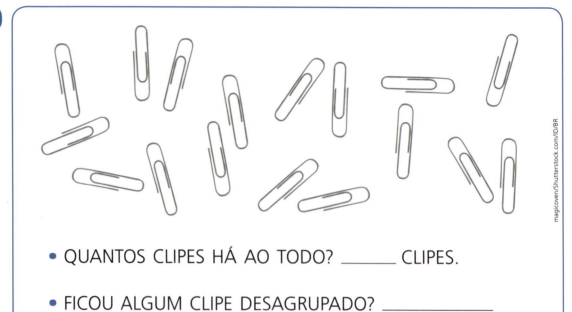

- QUANTOS CLIPES HÁ AO TODO? _____ CLIPES.

- FICOU ALGUM CLIPE DESAGRUPADO? _____

- O NÚMERO QUE REPRESENTA A QUANTIDADE DE CLIPES É

  PAR OU ÍMPAR? _____

B

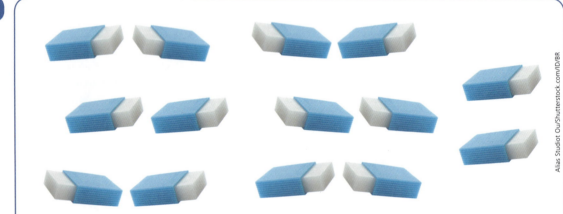

- QUANTAS BORRACHAS HÁ AO TODO? _____ BORRACHAS.

- FICOU ALGUMA BORRACHA DESAGRUPADA? _____

- O NÚMERO QUE REPRESENTA A QUANTIDADE DE

  BORRACHAS É PAR OU ÍMPAR? _____

3. COMPLETE A SEQUÊNCIA DOS NÚMEROS DE 31 A 45.

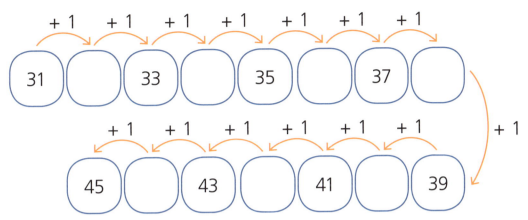

A. OS NÚMEROS QUE VOCÊ USOU PARA COMPLETAR A SEQUÊNCIA

ACIMA SÃO PARES OU ÍMPARES? _____

B. ESCREVA OS NÚMEROS ÍMPARES DESSA SEQUÊNCIA.

_____

4. OBSERVE O QUE ALINE ESTÁ DIZENDO E COMPLETE O BALÃO DE FALA.

OS NÚMEROS PARES SÃO AQUELES TERMINADOS EM 0, 2, 4, 6 OU 8.

OS NÚMEROS ÍMPARES SÃO AQUELES TERMINADOS EM _____, _____, _____, _____ OU _____.

PINTE DE **VERMELHO** AS FICHAS QUE APRESENTAM NÚMEROS ÍMPARES.

| 50 | 93 | 85 | 65 | 66 | 77 | 99 | 40 |

JOGO DO PAR E ÍMPAR

VAMOS PRECISAR DE:

- PAPEL COM UM ESQUEMA, COMO O REPRESENTADO AO LADO
- LÁPIS OU CANETA

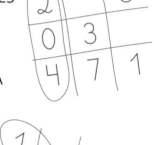

PROCEDIMENTOS:

JUNTE-SE A UM COLEGA E ESCOLHAM QUEM VAI FICAR COM OS NÚMEROS PARES (0, 2, 4, 6 E 8) E QUEM VAI FICAR COM OS NÚMEROS ÍMPARES (1, 3, 5, 7 E 9).

CADA JOGADOR, NA SUA VEZ, MARCA UM NÚMERO NO ESQUEMA. VAMOS CONSIDERAR, POR EXEMPLO, QUE QUEM FICOU COM OS NÚMEROS PARES COMECE A JOGAR. ELE MARCA O NÚMERO 0 (ZERO), DEPOIS QUEM FICOU COM OS NÚMEROS ÍMPARES MARCA O NÚMERO 1, O PRIMEIRO JOGADOR MARCA NOVAMENTE, MAS AGORA OUTRO NÚMERO PAR E ASSIM SUCESSIVAMENTE.

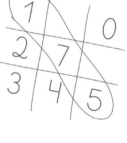

VENCE AQUELE QUE CONSEGUIR MARCAR SOMENTE NÚMEROS PARES OU ÍMPARES EM UMA LINHA, COLUNA OU DIAGONAL DO ESQUEMA.

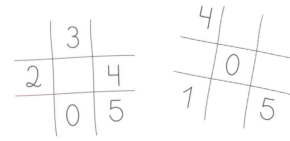

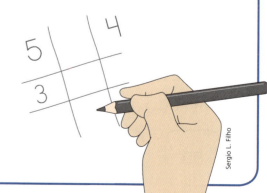

SISTEMA MONETÁRIO

1. UTILIZAMOS O DINHEIRO EM MUITAS SITUAÇÕES DE NOSSO DIA A DIA, COMO AO COMPRAR UM PRODUTO OU UM SERVIÇO.

Ilustrações: Débora Kamogawa

CADA PAÍS POSSUI SEU SISTEMA MONETÁRIO, COM SUA PRÓPRIA UNIDADE MONETÁRIA. POR EXEMPLO, NOS ESTADOS UNIDOS, É USADO O **DÓLAR**, NO JAPÃO, O **IENE**, E NO BRASIL, O **REAL**.

VOCÊ CONHECE AS CÉDULAS DO REAL? OBSERVE AS CÉDULAS E COMPLETE OS VALORES QUE ESTÃO FALTANDO.

CÉDULAS

2 REAIS

_____ REAIS

10 REAIS

_____ REAIS

_____ REAIS

100 REAIS

2. ALÉM DAS CÉDULAS, UTILIZAMOS TAMBÉM AS MOEDAS. VEJA AS MOEDAS DO REAL E COMPLETE COM OS VALORES QUE FALTAM.

1 CENTAVO

5 CENTAVOS

_____ CENTAVOS

_____ CENTAVOS

_____ CENTAVOS

1 REAL

Imagens: Banco Central.
Fotografia: Karina Tengan/ID/BR

1 REAL EQUIVALE A _____ CENTAVOS.

3. LIGUE OS QUADROS EM QUE ESTÃO REPRESENTADAS AS MESMAS QUANTIAS.

IMAGENS SEM
PROPORÇÃO
ENTRE SI.

Imagens: Banco Central.
Fotografia: Karina Tengan/ID/BR

4. NA IMAGEM, ESTÃO REPRESENTADAS AS MOEDAS DE 1 REAL QUE ALINE RETIROU DE SEU COFRE.

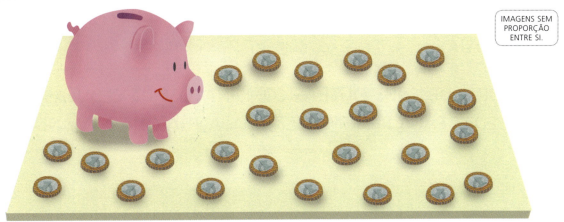

IMAGENS SEM PROPORÇÃO ENTRE SI.

A. SEM REALIZAR CONTAGENS, VOCÊ ACHA QUE ALINE RETIROU MAIS OU MENOS DE 20 MOEDAS DE 1 REAL?

_____

B. VEJA COMO ALINE AGRUPOU AS MOEDAS PARA FACILITAR A CONTAGEM.

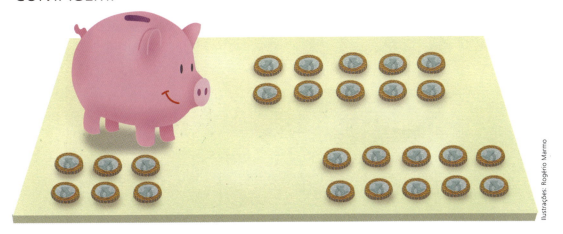

Ilustrações: Rogério Marmo

- QUANTOS GRUPOS DE 10 MOEDAS FORAM FORMADOS?

  _____ GRUPOS.

- ALGUM GRUPO FICOU COM MENOS DE 10 MOEDAS? _____

  QUANTAS MOEDAS HÁ NESSE GRUPO? _____ MOEDAS.

- QUANTOS REAIS ALINE POSSUI EM MOEDAS DE 1 REAL?

  _____ REAIS.

5. ARMANDO POSSUI 100 REAIS. VEJA NO QUADRO AO LADO UMA MANEIRA DE REPRESENTAR ESSA QUANTIA.

AGORA, DESENHE OUTRAS COMBINAÇÕES DE CÉDULAS E MOEDAS PARA REPRESENTAR A QUANTIA QUE ARMANDO POSSUI.

6. LUIZ FOI AO BANCO SACAR 80 REAIS. OBSERVE AS OPÇÕES DE SAQUE NA TELA DO CAIXA ELETRÔNICO.

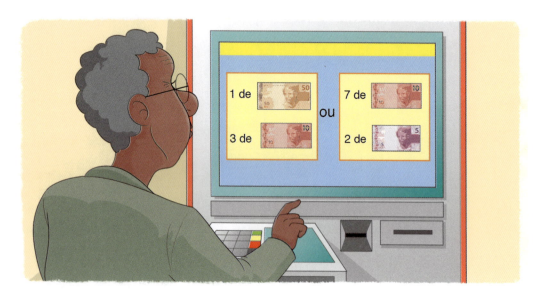

NO OUTRO DIA, LUIZ SACOU 95 REAIS. MARQUE COM UM **X** A TELA QUE APRESENTA AS OPÇÕES DE SAQUE PARA ESSA QUANTIA.

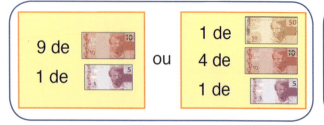

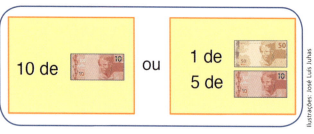

PONTO DE CHEGADA

NESTA UNIDADE, ESTUDAMOS NÚMEROS ATÉ CEM E VIMOS AS CÉDULAS E MOEDAS DO REAL. PARA RECORDAR, LEIA E COMPLETE O QUE FALTA NOS ITENS.

A. REPRESENTAMOS NÚMEROS UTILIZANDO CUBINHOS, BARRAS E PLACAS, QUADRO DE ORDENS E ÁBACO.

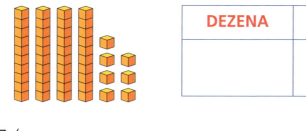

DEZENA	UNIDADE

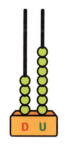

47 (_____)

B. ESTUDAMOS ALGUMAS EQUIVALÊNCIAS. TAMBÉM COMPARAMOS E ORDENAMOS NÚMEROS ATÉ CEM.

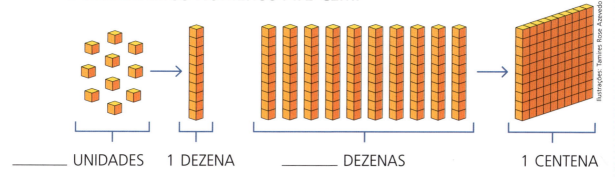

Ilustrações: Tamires Rose Azevedo

_____ UNIDADES   1 DEZENA   _____ DEZENAS   1 CENTENA

37 É **MAIOR** DO QUE 36 E **MENOR** DO QUE 38.

C. VIMOS QUE OS NÚMEROS TERMINADOS EM 0, 2, 4, 6 OU 8 SÃO **PARES** E OS TERMINADOS EM 1, 3, 5, 7 OU 9 SÃO **ÍMPARES**.

42 É UM NÚMERO _____.

99 É UM NÚMERO _____.

D. ESTUDAMOS QUE O **REAL** É UNIDADE MONETÁRIA DO SISTEMA MONETÁRIO BRASILEIRO.

Imagens: Banco Central.
Fotografia: Karina Tengan/ID/BR

_____ REAIS

2 FIGURAS GEOMÉTRICAS ESPACIAIS

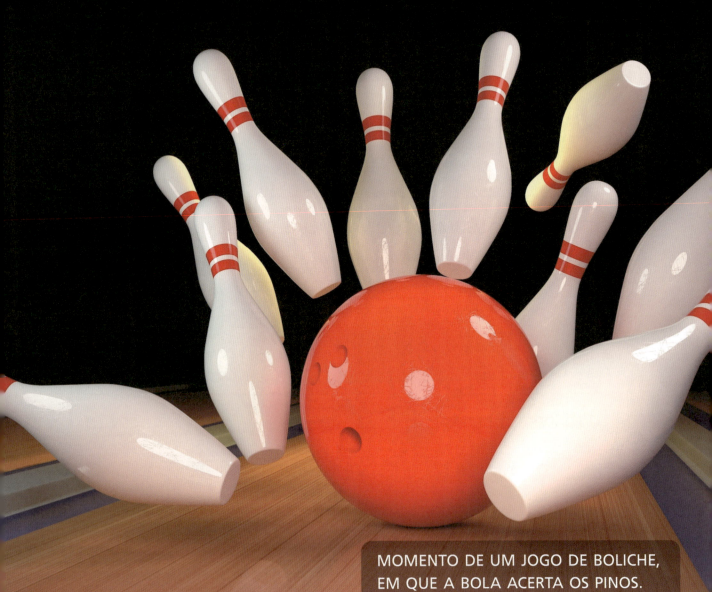

MOMENTO DE UM JOGO DE BOLICHE, EM QUE A BOLA ACERTA OS PINOS.

PONTO DE PARTIDA

1. NO BOLICHE, O OBJETIVO É DERRUBAR A MAIOR QUANTIDADE POSSÍVEL DE PINOS COM A BOLA. QUE FIGURA GEOMÉTRICA ESPACIAL É PARECIDA COM A BOLA DE BOLICHE?

2. CITE OUTROS JOGOS QUE USAM BOLA.

RECONHECENDO FIGURAS GEOMÉTRICAS ESPACIAIS

1. NO BRASIL, EXISTEM VÁRIAS CONSTRUÇÕES QUE LEMBRAM FIGURAS GEOMÉTRICAS ESPACIAIS, COMO AS DUAS TORRES DO PALÁCIO DO CONGRESSO NACIONAL, EM BRASÍLIA.

PALÁCIO DO CONGRESSO NACIONAL, NO DISTRITO FEDERAL, EM 2014.

PINTE A FIGURA GEOMÉTRICA ESPACIAL QUE ESSAS TORRES LEMBRAM.

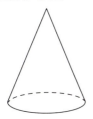  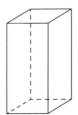 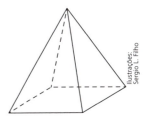

2. NA CENA, FÁBIO E ADRIANA ESTÃO BRINCANDO COM OBJETOS QUE LEMBRAM FIGURAS GEOMÉTRICAS ESPACIAIS.

💬 DIGA O NOME DOS OBJETOS QUE VOCÊ RECONHECE NESTA CENA.

3. ALGUNS OBJETOS QUE APARECEM NA ATIVIDADE ANTERIOR ESTÃO REPRESENTADOS A SEGUIR. CUBRA OS TRACEJADOS PARA LIGAR CADA OBJETO À FIGURA GEOMÉTRICA ESPACIAL QUE ELE LEMBRA.

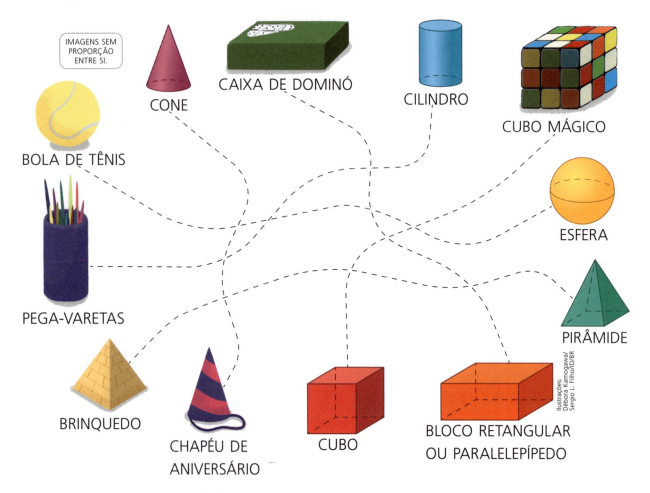

DE ACORDO COM AS LINHAS QUE VOCÊ TRAÇOU, COMPLETE AS FRASES.

• O CUBO MÁGICO LEMBRA O _____.

• O CHAPÉU DE ANIVERSÁRIO LEMBRA O _____.

• A CAIXA DE DOMINÓ LEMBRA O _____.

• A BOLA DE TÊNIS LEMBRA A _____.

• A EMBALAGEM DE PEGA-VARETAS LEMBRA O _____.

• O BRINQUEDO LEMBRA A _____.

4. ESCREVA O NOME DE ALGUNS OBJETOS PRESENTES NO SEU DIA A DIA QUE LEMBRAM:

O CUBO: _____

O BLOCO RETANGULAR: _____

A ESFERA: _____

O CONE: _____

O CILINDRO: _____

Sergio L. Filho

5. PINTE DA MESMA COR OS OBJETOS QUE LEMBRAM O **CILINDRO**.

IMAGENS SEM PROPORÇÃO ENTRE SI.

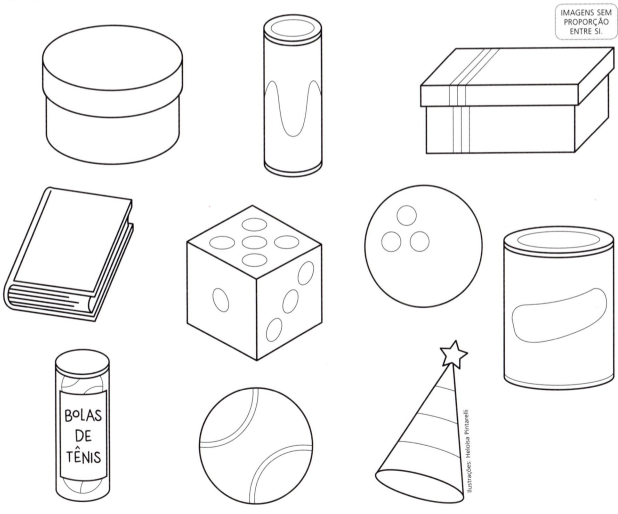

Ilustrações: Heloísa Pintarelli

6. OS OBJETOS REPRESENTADOS A SEGUIR LEMBRAM FIGURAS GEOMÉTRICAS ESPACIAIS.

PINTE CADA UM DELES DE ACORDO COM A LEGENDA.

LEGENDA						
FIGURA	CUBO	BLOCO RETANGULAR	PIRÂMIDE	ESFERA	CONE	CILINDRO
COR	〰️	〰️	〰️	〰️	〰️	〰️

IMAGENS SEM PROPORÇÃO ENTRE SI.

Ilustrações: Heloísa Pintarelli

7. A PROFESSORA ADÉLIA CONSTRUIU ALGUNS BRINQUEDOS COM OS ALUNOS DO 2º ANO. PARA ISSO, ELA USOU EMBALAGENS DE PAPEL QUE LEMBRAM FIGURAS GEOMÉTRICAS ESPACIAIS.

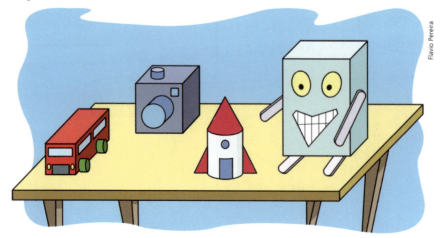

Flávio Pereira

A. CONTORNE DE VERMELHO OS BRINQUEDOS FEITOS COM EMBALAGENS QUE LEMBRAM O BLOCO RETANGULAR.

B. AS EMBALAGENS USADAS NA CONSTRUÇÃO DO FOGUETE LEMBRAM QUAIS FIGURAS GEOMÉTRICAS ESPACIAIS?

PARA FAZER JUNTOS!

JUNTE-SE A UM COLEGA E PESQUISEM DE DEZ A VINTE OBJETOS QUE LEMBRAM AS FIGURAS REPRESENTADAS AO LADO. VOCÊS PODEM PESQUISAR EM CASA, NA ESCOLA OU EM OUTRO LOCAL DO SEU DIA A DIA.

DE ACORDO COM O RESULTADO DA PESQUISA DE VOCÊS, COMPLETEM A TABELA.

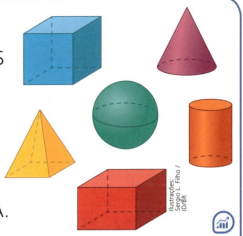

Ilustrações: Sergio L. Filho / ID/BR

QUANTIDADE DE OBJETOS QUE LEMBRAM FIGURAS GEOMÉTRICAS ESPACIAIS	
FIGURA GEOMÉTRICA ESPACIAL	QUANTIDADE DE OBJETOS
CUBO	
BLOCO RETANGULAR	
PIRÂMIDE	
ESFERA	
CONE	
CILINDRO	

FONTE: REGISTROS DE _____

💬 **A.** QUANTOS OBJETOS VOCÊS ENCONTRARAM NO TOTAL?

💬 **B.** A MAIORIA DOS OBJETOS QUE VOCÊS ENCONTRARAM LEMBRA QUAL FIGURA GEOMÉTRICA ESPACIAL? QUANTOS OBJETOS COM ESSE FORMATO VOCÊS ENCONTRARAM?

8. AS FIGURAS GEOMÉTRICAS ESPACIAIS APRESENTADAS ABAIXO PODEM SER SEPARADAS EM DOIS GRUPOS.

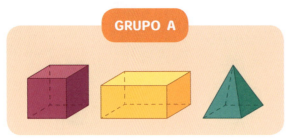

GRUPO A

POSSUEM APENAS SUPERFÍCIES PLANAS.

GRUPO B

POSSUEM SUPERFÍCIES NÃO PLANAS, ARREDONDADAS.

Ilustrações: Sergio L. Filho/ID/BR

CONTORNE, ENTRE OS OBJETOS ABAIXO, AQUELES QUE LEMBRAM AS FIGURAS DO GRUPO **B**.

IMAGENS SEM PROPORÇÃO ENTRE SI.

LUNETA

Andrey Burmakin/Shutterstock.com/ID/BR

LATA

yurchello108/Shutterstock.com/ID/BR

ENFEITE

cam3957/Shutterstock.com/ID/BR

CAIXA DE PAPELÃO

Pavel Hlystov/Shutterstock.com/ID/BR

DADO

Tatiana Popova/Shutterstock.com/ID/BR

BOLA DE BASQUETEBOL

Cherdchai charasri/Shutterstock.com/ID/BR

OS OBJETOS QUE LEMBRAM AS FIGURAS DO GRUPO B PODEM ROLAR COM FACILIDADE, DE ACORDO COM SUA POSIÇÃO.

Rubens Tavares

9. A PROFESSORA LEVOU PARA A SALA DE AULA OBJETOS E EMBALAGENS QUE LEMBRAM ALGUMAS FIGURAS GEOMÉTRICAS ESPACIAIS.

José Luís Juhas

A. CONTORNE OS OBJETOS OU EMBALAGENS QUE PODEM ROLAR COM FACILIDADE.

B. REGISTRE NO QUADRO A QUANTIDADE DE OBJETOS OU EMBALAGENS QUE LEMBRAM AS FIGURAS GEOMÉTRICAS ESPACIAIS INDICADAS.

FIGURAS GEOMÉTRICAS ESPACIAIS						
QUANTIDADE						

Ilustrações: Sergio L. Filho /ID/BR

APRENDA MAIS!

ASSISTA AO FILME *UMA AVENTURA LEGO* E CONHEÇA UM PERSONAGEM QUE SE ENVOLVEU EM UMA FABULOSA AVENTURA PORQUE O CONFUNDIRAM COM O CRIADOR DO MUNDO LEGO.

NESSE FILME, A CIDADE E ALGUMAS PEÇAS QUE COMPÕEM OS PERSONAGENS LEMBRAM FIGURAS GEOMÉTRICAS ESPACIAIS.

UMA AVENTURA LEGO. DIREÇÃO DE PHIL LORD E CHRISTOPHER MILLER. ESTADOS UNIDOS: WARNER BROS, 2014. (100 MINUTOS).

Warner Bros /ID/BR

MATEMÁTICA NA PRÁTICA

1. VOCÊ VAI CONSTRUIR, DE ACORDO COM AS ORIENTAÇÕES DE SEU PROFESSOR, UM CUBO PARECIDO COM O REPRESENTADO AO LADO. PARA ISSO, RECORTE O MOLDE DO CUBO QUE ESTÁ NA PÁGINA **211** E MONTE-O.

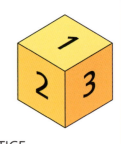

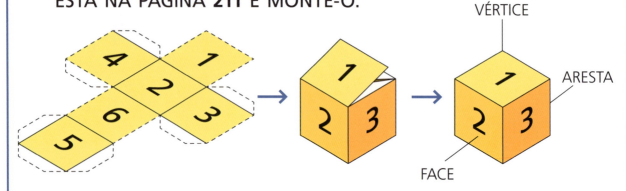

A. QUAIS SÃO OS NÚMEROS QUE APARECEM NAS FACES DO CUBO QUE VOCÊ MONTOU? _____

B. DE ACORDO COM ESSE CUBO, COMPLETE.

O CUBO TEM _____ FACES, _____ ARESTAS E _____ VÉRTICES.

C. OS CUBOS ABAIXO POSSUEM UMA FACE SEM NÚMERO. ESCREVA O NÚMERO QUE ESTÁ FALTANDO NESSA FACE DE ACORDO COM O CUBO QUE VOCÊ MONTOU.

A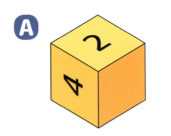

C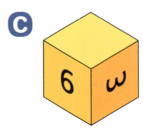

E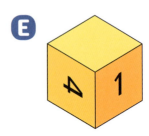

B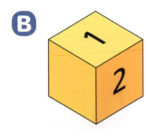

D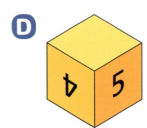

F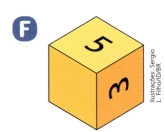

2. RECORTE O MOLDE DO BLOCO RETANGULAR QUE ESTÁ NA PÁGINA **211** E MONTE-O DE ACORDO COM AS ORIENTAÇÕES DE SEU PROFESSOR.

A. OBSERVE O BLOCO QUE VOCÊ MONTOU E COMPLETE.

O BLOCO RETANGULAR TEM _____ FACES, _____ ARESTAS E _____ VÉRTICES.

B. O QUE VOCÊ PODE OBSERVAR EM RELAÇÃO ÀS QUANTIDADES DE FACES, DE ARESTAS E DE VÉRTICES DO CUBO E DO BLOCO RETANGULAR?

_____

10. OBSERVE A SEQUÊNCIA DE FIGURAS GEOMÉTRICAS ESPACIAIS.

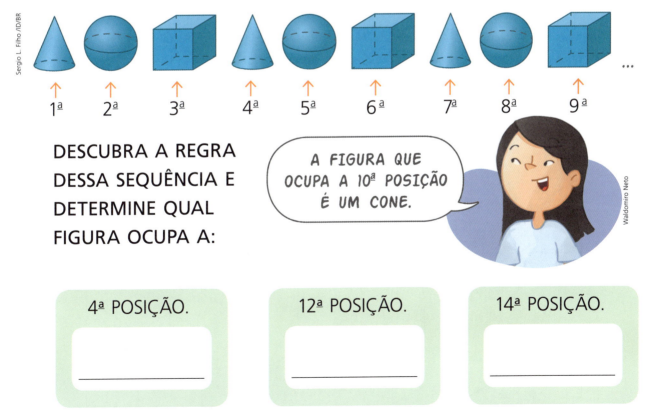

1ª 2ª 3ª 4ª 5ª 6ª 7ª 8ª 9ª

DESCUBRA A REGRA DESSA SEQUÊNCIA E DETERMINE QUAL FIGURA OCUPA A:

A FIGURA QUE OCUPA A 10ª POSIÇÃO É UM CONE.

4ª POSIÇÃO.
_____

12ª POSIÇÃO.
_____

14ª POSIÇÃO.
_____

11. OBSERVE OS DADOS QUE APARECEM SOBRE A MESA E CONTORNE AQUELES QUE ESTÃO NA MESMA POSIÇÃO DO DADO REPRESENTADO AO LADO.

Eduardo C.

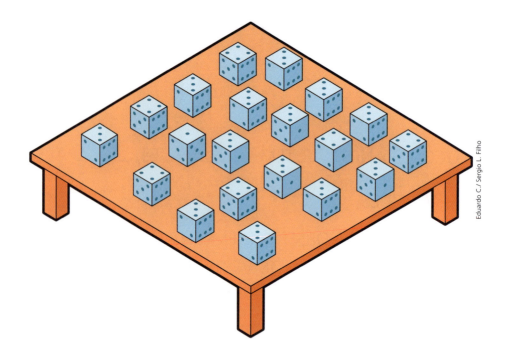

Eduardo C./ Sergio L. Filho

12. NO QUADRO ABAIXO HÁ SETE CUBOS COMO O INDICADO AO LADO.

UM CUBO JÁ FOI LOCALIZADO. DESCUBRA ONDE ESTÃO LOCALIZADOS OS OUTROS SEIS E PINTE CADA UM DELES.

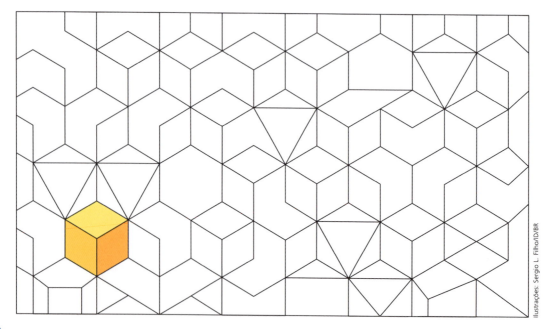

Ilustrações: Sergio L. Filho/ID/BR

PONTO DE CHEGADA

NESTA UNIDADE, ESTUDAMOS ALGUMAS FIGURAS GEOMÉTRICAS ESPACIAIS.

A. ALGUNS OBJETOS DO DIA A DIA LEMBRAM FIGURAS GEOMÉTRICAS ESPACIAIS. LIGUE CADA OBJETO À FIGURA CORRESPONDENTE.

IMAGENS SEM PROPORÇÃO ENTRE SI.

Marco Caramello/Shutterstock.com/ID/BR

pikselstock/Shutterstock.com/ID/BR

Andrew Safonov/Shutterstock.com/ID/BR

Gavran333/Shutterstock.com/ID/BR

Coprid/Shutterstock.com/ID/BR

Cherdchai charasri/Shutterstock.com/ID/BR

CONE

CILINDRO

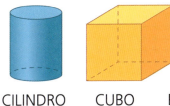
CUBO

BLOCO RETANGULAR OU PARALELEPÍPEDO

ESFERA

PIRÂMIDE

B. SEPARAMOS, EM UM GRUPO, AS FIGURAS GEOMÉTRICAS ESPACIAIS QUE POSSUEM APENAS SUPERFÍCIES PLANAS. EM OUTRO GRUPO, SEPARAMOS AS QUE POSSUEM SUPERFÍCIES NÃO PLANAS, ARREDONDADAS.

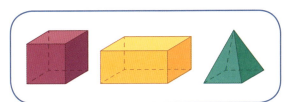

Ilustrações: Sergio L. Filho/ID/BR

MOMENTO DE UMA PARTIDA DE XADREZ DISPUTADA ENTRE UM SER HUMANO E UM ROBÔ, EM JANEIRO DE 2017, NOS ESTADOS UNIDOS, DURANTE UMA FEIRA ANUAL DE TECNOLOGIA.

Rob Lever/AFP

PONTO DE PARTIDA

1. A FOTO REGISTRA UM MOMENTO DE UM JOGO DE XADREZ. NESSE MOMENTO, HÁ QUANTAS PEÇAS CLARAS A MENOS DO QUE ESCURAS?

2. NO JOGO DE XADREZ, CADA PARTICIPANTE INICIA COM 16 PEÇAS. QUANTAS PEÇAS CLARAS FORAM CAPTURADAS ATÉ O MOMENTO DA FOTO?

RETOMANDO A ADIÇÃO

1. GABRIELA FEZ UMA CONSTRUÇÃO COM CUBOS COLORIDOS.

Rogério Marmo

A. QUANTOS CUBOS DE CADA COR GABRIELA USOU PARA FAZER A CONSTRUÇÃO?

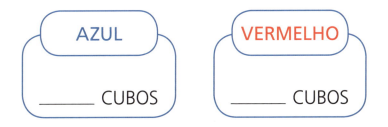

AZUL

_____ CUBOS

VERMELHO

_____ CUBOS

B. GABRIELA UTILIZOU MAIS CUBOS VERMELHOS OU AZUIS?

_____

C. COMO VOCÊ FARIA PARA DETERMINAR QUANTOS CUBOS, AO TODO, FORAM USADOS POR GABRIELA?

PARA DETERMINAR O TOTAL DE CUBOS QUE GABRIELA USOU, PODEMOS ADICIONAR AS QUANTIDADES DE CUBOS DE CADA COR.

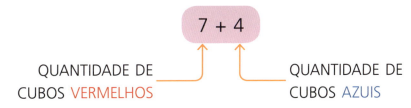

7 + 4

QUANTIDADE DE CUBOS VERMELHOS

QUANTIDADE DE CUBOS AZUIS

VEJA UMA MANEIRA DE EFETUAR ESSE CÁLCULO E COMPLETE COM O QUE FALTA.

1º REPRESENTAMOS OS NÚMEROS 7 E 4 COM CUBINHOS.

2º JUNTAMOS TODOS OS CUBINHOS E, EM SEGUIDA, FORMAMOS UM GRUPO COM UMA DEZENA DE CUBOS E OUTRO GRUPO COM OS CUBOS QUE SOBRARAM.

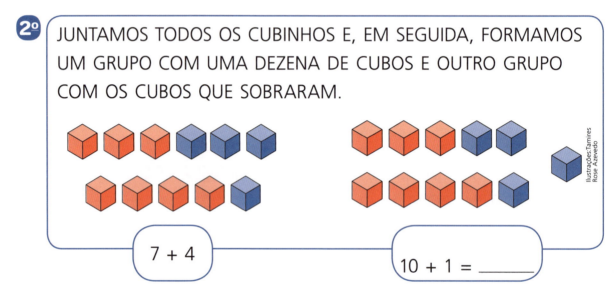

7 + 4

10 + 1 = _____

Ilustrações:Tamires Rose Azevedo

GABRIELA UTILIZOU, AO TODO, _____ CUBOS.

PARA REPRESENTAR A ADIÇÃO, USAMOS OS SÍMBOLOS **+ (MAIS)** E **= (IGUAL)**.

2. EFETUE OS CÁLCULOS.

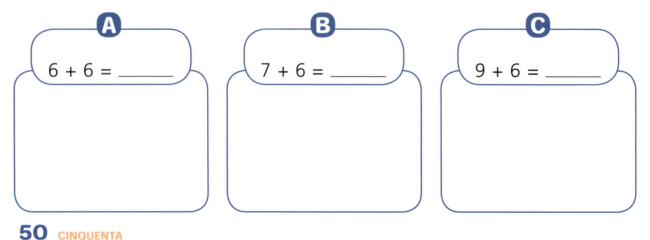

A

6 + 6 = _____

B

7 + 6 = _____

C

9 + 6 = _____

3. PARA EFETUAR 9 + 3, ANDRÉ UTILIZOU UMA RÉGUA.

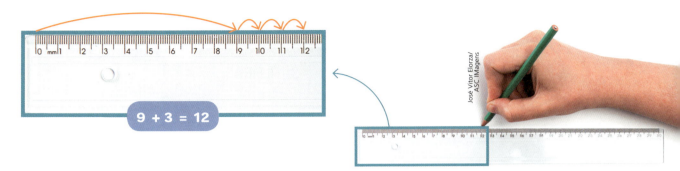

9 + 3 = 12

AGORA, FAÇA COMO ANDRÉ E EFETUE AS ADIÇÕES UTILIZANDO UMA RÉGUA.

A. 7 + 5 = _____

C. 8 + 6 = _____

B. 8 + 3 = _____

D. 9 + 7 = _____

4. RUI, ANTÔNIO E FABIANA FORAM A UMA PAPELARIA E COMPRARAM ALGUNS MATERIAIS ESCOLARES.

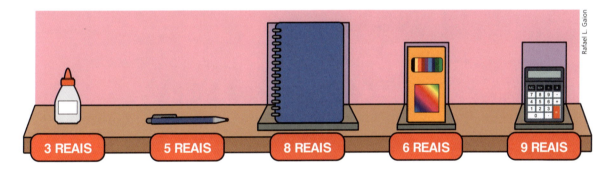

| 3 REAIS | 5 REAIS | 8 REAIS | 6 REAIS | 9 REAIS |

A. RUI COMPROU UMA CAIXA DE LÁPIS DE COR E UMA LAPISEIRA. QUANTOS REAIS ELE GASTOU? _____ REAIS.

B. ANTÔNIO COMPROU UM CADERNO E UMA LAPISEIRA. QUANTOS REAIS ANTÔNIO GASTOU? _____ REAIS.

C. FABIANA TAMBÉM COMPROU DOIS DOS PRODUTOS REPRESENTADOS ACIMA E GASTOU 2 REAIS A MAIS DO QUE ANTÔNIO. QUE PRODUTOS FABIANA COMPROU?

5. COMPLETE O ESQUEMA COM OS NÚMEROS ADEQUADOS.

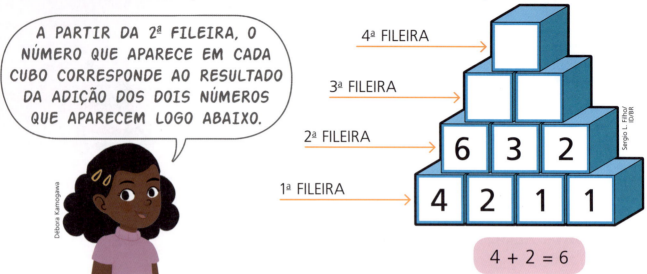

A PARTIR DA 2ª FILEIRA, O NÚMERO QUE APARECE EM CADA CUBO CORRESPONDE AO RESULTADO DA ADIÇÃO DOS DOIS NÚMEROS QUE APARECEM LOGO ABAIXO.

4ª FILEIRA

3ª FILEIRA

2ª FILEIRA

6 3 2

1ª FILEIRA

4 2 1 1

4 + 2 = 6

6. A PROFESSORA MARLI PEDIU AOS ALUNOS QUE CALCULASSEM 2 + 2 + 7.

LÚCIO E CLÁUDIA APRESENTARAM SEUS CÁLCULOS NA LOUSA PARA A PROFESSORA E OS COLEGAS.

ESCOLHA A MANEIRA QUE PREFERIR E EFETUE OS CÁLCULOS.

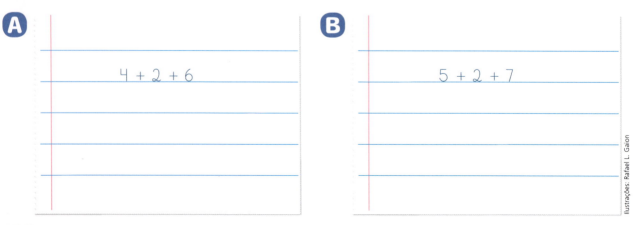

A

4 + 2 + 6

B

5 + 2 + 7

ADIÇÃO SEM REAGRUPAMENTO

1. UMA LOJA DE BRINQUEDOS ESTÁ REALIZANDO UMA PROMOÇÃO. VEJA O PREÇO DE ALGUNS PRODUTOS QUE ESTÃO EXPOSTOS.

A. O PAI DE LEONEL COMPROU A BOLA E O FOGUETE. EM SUA OPINIÃO, ELE GASTOU:

◯ MAIS DO QUE 80 REAIS.

◯ MENOS DO QUE 80 REAIS.

PARA DETERMINAR A QUANTIA, EM REAIS, QUE O PAI DE LEONEL GASTOU AO COMPRAR A BOLA E O FOGUETE, PODEMOS CALCULAR 32 + 45.

VEJA ALGUMAS MANEIRAS DE EFETUAR ESSA ADIÇÃO E COMPLETE O QUE FALTA NOS CÁLCULOS.

UTILIZANDO UM ÁBACO

REPRESENTAMOS NO ÁBACO O NÚMERO 32. EM SEGUIDA, ADICIONAMOS 5 UNIDADES E 4 DEZENAS, OU SEJA, 45.

+ 4 D ⟶   ⟵ + 5 U

O NÚMERO REPRESENTADO NESSE ÁBACO É O RESULTADO DA ADIÇÃO.

77

FAZENDO A DECOMPOSIÇÃO DOS NÚMEROS

$$
\begin{array}{r}
32 \\
+\ \ 45
\end{array}
\longrightarrow
\begin{array}{r}
+ \left| \begin{array}{r} 30+2 \\ 40+5 \end{array} \right| + \\
\hline
70+7 = \underline{\hspace{1.5cm}}
\end{array}
$$

UTILIZANDO O ALGORITMO

1º ADICIONAMOS AS UNIDADES.

2 U + 5 U = 7 U

D	U
3	2
+ 4	5
	7

2º ADICIONAMOS AS DEZENAS.

3 D + 4 D = 7 D

D	U
3	2
+ 4	5
7	7

OU

$$
\begin{array}{r}
3 \quad 2 \\
+ 4 \quad 5
\end{array} \Big\} \text{PARCELAS}
$$

$$\underline{\hspace{0.5cm}}\ \underline{\hspace{0.5cm}} \leftarrow \text{SOMA OU TOTAL}$$

PORTANTO, O PAI DE LEONEL GASTOU _____ REAIS PARA COMPRAR A BOLA E O FOGUETE.

B. DETERMINE QUANTOS REAIS UMA PESSOA VAI GASTAR NESSA LOJA, SE COMPRAR:

- O TRATOR
  E O FOGUETE.

- O SAPO DE PELÚCIA
  E O CARRINHO.

_____

2. OS ALUNOS DA TURMA DE MARIA PLANTARAM MUDAS NO BAIRRO, EM 21 DE SETEMBRO, PARA COMEMORAR O DIA DA ÁRVORE. OS MENINOS PLANTARAM, AO TODO, 15 MUDAS. AS MENINAS PLANTARAM 2 MUDAS A MAIS DO QUE ELES.

A. QUANTAS MUDAS AS MENINAS PLANTARAM?

B. QUANTAS MUDAS, AO TODO, OS ALUNOS DESSA TURMA PLANTARAM?

3. EFETUE AS ADIÇÕES.

A. 53 + 14 = _____   **B.** 74 + 15 = _____   **C.** 21 + 15 + 22 = _____

4. JÚLIO TINHA 43 BOLINHAS DE GUDE EM SUA COLEÇÃO.

A. SABENDO QUE ELE GANHOU 25 BOLINHAS DE SEU PAI, COM QUANTAS ELE FICOU? _____ BOLINHAS.

JÚLIO

Rafael L. Gaion

B. APÓS GANHAR MAIS 21 BOLINHAS DO SEU TIO, QUANTAS BOLINHAS JÚLIO PASSOU A TER? _____ BOLINHAS.

5. ANDERSON TEM AS CÉDULAS E A MOEDA REPRESENTADAS AO LADO.

Imagens: Banco Central. Fotografia: Karina Tengan/ID/BR

A. QUANTOS REAIS ANDERSON TEM?

_____ REAIS.

IMAGENS SEM PROPORÇÃO ENTRE SI.

B. ANDERSON TEM 21 REAIS A MENOS DO QUE LUCÍLIA. QUANTOS REAIS LUCÍLIA TEM?

6. CÉSAR ESTÁ COLOCANDO TODOS OS SEUS LIVROS EM UMA ESTANTE. VEJA OS LIVROS QUE ELE JÁ GUARDOU.

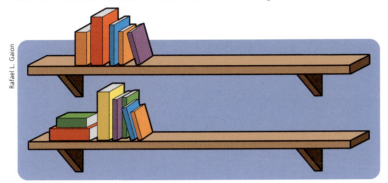

SABENDO QUE AINDA RESTAM 23 LIVROS PARA GUARDAR, QUANTOS LIVROS CÉSAR TEM?

7. MÁRCIA E JULIANA ESTÃO BRINCANDO DE ADIVINHAR NÚMEROS.

AGORA É MINHA VEZ, JULIANA. O NÚMERO QUE EU PENSEI É PAR, MAIOR DO QUE O RESULTADO DE 17 + 20 E MENOR DO QUE O RESULTADO DE 17 + 22.

MÁRCIA PENSOU EM QUAL NÚMERO?

8. EFETUE O CÁLCULO ABAIXO. DEPOIS, ESCREVA EM SEU CADERNO O ENUNCIADO DE UM PROBLEMA CUJA SOLUÇÃO SEJA DADA PELO CÁLCULO QUE VOCÊ RESOLVEU.

$$36 + 20 = \underline{\qquad}$$

ADIÇÃO COM REAGRUPAMENTO

1. EM UMA ESCOLA HÁ TRÊS TURMAS DE 2º ANO. VEJA NA TABELA A QUANTIDADE DE MENINOS E MENINAS MATRICULADOS NESSAS TURMAS.

QUANTIDADE DE MENINOS E MENINAS MATRICULADOS EM CERTA ESCOLA		
TURMA	MENINOS	MENINAS
2º ANO **A**	16	15
2º ANO **B**	11	16
2º ANO **C**	17	13

FONTE DE PESQUISA: REGISTROS DA DIREÇÃO DA ESCOLA.

A. O SUPERVISOR ESCOLAR QUER SABER QUANTOS ALUNOS FORAM MATRICULADOS NO 2º ANO **A** DESSA ESCOLA.

COMO VOCÊ FARIA PARA DETERMINAR ESSA QUANTIDADE?

PARA RESPONDER A ESSA PERGUNTA, PODEMOS ADICIONAR A QUANTIDADE DE MENINOS E MENINAS MATRICULADOS NO 2º ANO **A**, OU SEJA, CALCULAR 16 + 15.

VEJA COMO PODEMOS EFETUAR ESSA ADIÇÃO E COMPLETE O QUE FALTA NO CÁLCULO.

COM CUBINHOS E BARRAS

1º REPRESENTAMOS AS PARCELAS COM CUBINHOS E BARRAS.

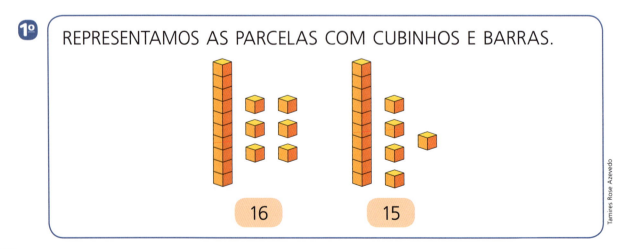

16   15

Tamires Rose Azevedo

2º JUNTAMOS TODAS AS BARRAS E CUBINHOS. EM SEGUIDA, TROCAMOS 10 CUBINHOS POR UMA BARRA.

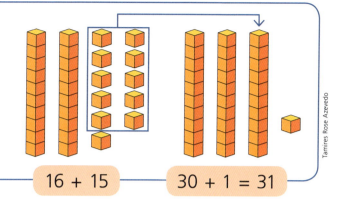

16 + 15

30 + 1 = 31

UTILIZANDO O ALGORITMO

 1º ADICIONAMOS AS UNIDADES.

D	U
1	6
+ 1	5
	11

6 U + 5 U = 11 U

3º ADICIONAMOS A DEZENAS.

D	U
¹1	6
+ 1	5
3	1

1 D + 1 D + 1 D = 3 D

2º TROCAMOS 10 U POR 1 D.

D	U
¹1	6
+ 1	5
	1

OU

$$
\begin{array}{cc}
^11 & 6 \\
+\ 1 & 5 \\
\end{array}
$$
⎫ ← PARCELAS

___ ___ ← SOMA OU TOTAL

ASSIM, FORAM MATRICULADOS _____ ALUNOS NO 2º ANO **A**.

B. QUANTOS ALUNOS FORAM MATRICULADOS:

• NO 2º ANO **B**?

_____ ALUNOS.

• NO 2º ANO **C**?

_____ ALUNOS.

2. EFETUE AS ADIÇÕES.

A. $24 + 17 =$ _____

B. $15 + 68 =$ _____

C. $73 + 19 =$ _____

3. NO QUADRO A SEGUIR, CADA FIGURA REPRESENTA UM NÚMERO.

△	●	■	⬠	★	▬	⬡
14	61	75	39	27	9	12

DE ACORDO COM O QUADRO, COMPLETE AS LACUNAS E EFETUE AS ADIÇÕES.

A. ■ + △ = _____ + _____ = _____

B. ⬠ + ★ = _____ + _____ = _____

C. ⬠ + ★ + ⬡ = _____ + _____ + _____ = _____

D. ● + △ + ▬ = _____ + _____ + _____ = _____

Ilustrações: Sergio L. Filho/ID/BR

4. COMPLETE A SEQUÊNCIA ABAIXO.

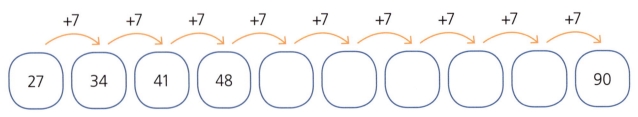

27 → 34 → 41 → 48 → ___ → ___ → ___ → ___ → ___ → 90

(+7 a cada etapa)

5. NOS CARTAZES A SEGUIR ESTÃO INDICADOS OS PREÇOS DE ALGUNS PRODUTOS QUE LUCAS PRETENDE COMPRAR.

8 REAIS   12 REAIS   25 REAIS

PARA SABER SE A QUANTIA QUE POSSUI É SUFICIENTE, LUCAS EFETUOU MENTALMENTE 12 + 8 + 25.

DE MANEIRA SEMELHANTE À DE LUCAS, OBTENHA O RESULTADO DOS SEGUINTES CÁLCULOS.

A. 10 + 15 + 5 = _____

B. 23 + 7 + 12 = _____

C. 34 + 6 + 16 = _____

D. 12 + 8 + 47 = _____

E. 9 + 41 + 37 = _____

F. 13 + 17 + 52 = _____

6. JÚLIA, ADRIANO E CLARA SÃO IRMÃOS. ADRIANO É 12 CENTÍMETROS MAIS ALTO QUE JÚLIA, QUE É 8 CENTÍMETROS MAIS ALTA QUE CLARA. SABENDO QUE CLARA TEM 76 CENTÍMETROS DE ALTURA, ESCREVA A ALTURA DE SEUS DOIS IRMÃOS.

JÚLIA

_____ CENTÍMETROS

ADRIANO

_____ CENTÍMETROS

RETOMANDO A SUBTRAÇÃO

1. NO VARAL DA CASA DE MARCOS ESTÃO ESTENDIDAS 14 PEÇAS DE ROUPA.

Rafael L. Gaion

À TARDE, MARCOS RECOLHEU CINCO PEÇAS QUE JÁ ESTAVAM SECAS.

COMO VOCÊ FARIA PARA DETERMINAR A QUANTIDADE DE PEÇAS DE ROUPA QUE RESTARAM NO VARAL?

UMA MANEIRA DE RESOLVER ESSA SITUAÇÃO É CALCULANDO 14 – 5. VEJA COMO EFETUAR ESSE CÁLCULO USANDO CUBINHOS E COMPLETE O QUE FALTA.

REPRESENTAMOS COM CUBINHOS A QUANTIDADE DE PEÇAS NO VARAL. DEPOIS, RETIRAMOS 5 CUBINHOS, QUE INDICAM AS PEÇAS DE ROUPA RECOLHIDAS.

Rafael L. Gaion

14 – _____ = _____

PARA REPRESENTAR A SUBTRAÇÃO, USAMOS OS SÍMBOLOS – (**MENOS**) E = (**IGUAL**).

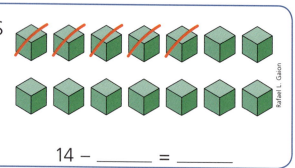

OS CUBINHOS QUE NÃO ESTÃO RISCADOS REPRESENTAM AS PEÇAS QUE SOBRARAM NO VARAL.

Waldomiro Neto

PORTANTO, FICARAM ESTENDIDAS NO

VARAL _____ PEÇAS DE ROUPA.

2. VEJA COMO LUÍS EFETUOU 12 – 6 UTILIZANDO FIGURAS.

AGORA, DESENHE PARA EFETUAR AS SUBTRAÇÕES.

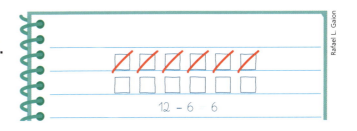

12 – 6 = 6

A. 17 – 9 = _____

B. 15 – 6 = _____

3. SOLANGE CALCULOU 13 – 5 UTILIZANDO UMA RÉGUA.

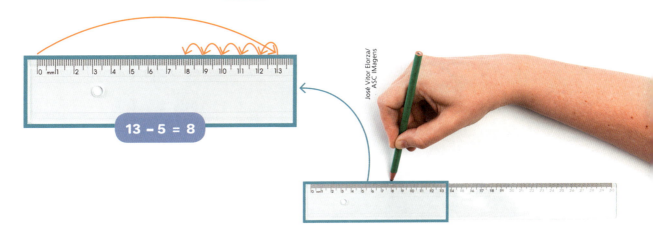

13 – 5 = 8

AGORA É COM VOCÊ. UTILIZANDO UMA RÉGUA, EFETUE AS SUBTRAÇÕES.

A. 11 – 3 = _____

C. 14 – 9 = _____

B. 14 – 7 = _____

D. 15 – 9 = _____

4. MAURÍCIO TEM 12 ANOS E É 3 ANOS MAIS VELHO QUE SUA IRMÃ. QUANTOS ANOS TEM A IRMÃ DE MAURÍCIO?

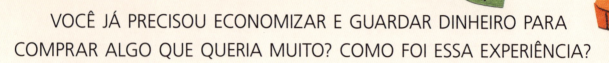

POUPAR PARA CONQUISTAR

VOCÊ JÁ PRECISOU ECONOMIZAR E GUARDAR DINHEIRO PARA COMPRAR ALGO QUE QUERIA MUITO? COMO FOI ESSA EXPERIÊNCIA?

POUPAR SIGNIFICA UTILIZAR O DINHEIRO DE MANEIRA CONSCIENTE, DIMINUINDO GASTOS, ECONOMIZANDO E RESERVANDO UMA PARTE PARA CONQUISTAR O QUE SE DESEJA, DEPOIS DE CERTO TEMPO.

QUANDO QUEREMOS POUPAR, DEFINIMOS ESTRATÉGIAS E FAZEMOS PLANEJAMENTOS. ASSIM, PODEMOS PREVER QUANTO TEMPO VAI DEMORAR PARA JUNTAR A QUANTIA NECESSÁRIA E INDICAR SE ALGUNS GASTOS SERÃO CORTADOS OU DIMINUÍDOS. VEJA DOIS EXEMPLOS A SEGUIR.

Maria Symchych/Shutterstock.com/ID/BR

CURTO PRAZO: COM A AJUDA DOS PAIS, PRISCILA POUPOU DURANTE UM MÊS PARA COMPRAR UMA MOCHILA.

LONGO PRAZO: COM A AJUDA DOS PAIS, PRISCILA POUPOU DURANTE UM ANO PARA COMPRAR UM PATINETE.

Maria Symchych/Shutterstock.com/ID/BR

A. DEFINA E ESCREVA DUAS ESTRATÉGIAS, UMA A CURTO PRAZO E OUTRA A LONGO PRAZO, PARA VOCÊ CONQUISTAR DOIS OBJETOS QUE DESEJA COMPRAR.

B. BIANCA QUER COMPRAR UM CADERNO. PARA ISSO, ELA FEZ ECONOMIAS E CONSEGUIU JUNTAR 15 REAIS. AGORA, ELA ESTÁ EM DÚVIDA NA ESCOLHA ENTRE TRÊS MODELOS DE CAPA.

- QUANTOS REAIS SOBRARÃO PARA BIANCA SE ELA COMPRAR UM DESSES CADERNOS?

- COM A QUANTIA EM DINHEIRO QUE BIANCA TEM, É POSSÍVEL COMPRAR QUANTOS CADERNOS?

CADERNOS
7 REAIS CADA

Águeda Horn

SUBTRAÇÃO SEM REAGRUPAMENTO

1. TAMIRES ESTÁ MONTANDO UM QUEBRA-CABEÇA DE 96 PEÇAS.

JÁ ENCAIXEI 72 PEÇAS.

- CALCULE, DA MANEIRA QUE PREFERIR, QUANTAS PEÇAS FALTAM PARA TAMIRES COMPLETAR O QUEBRA-CABEÇA.

UMA MANEIRA DE DETERMINAR A QUANTIDADE DE PEÇAS QUE FALTAM PARA TAMIRES COMPLETAR O QUEBRA-CABEÇA É CALCULANDO 96 – 72 .

VEJA COMO PODEMOS EFETUAR ESSA SUBTRAÇÃO E COMPLETE O QUE FALTA NO CÁLCULO.

UTILIZANDO UM ÁBACO

REPRESENTAMOS O NÚMERO 96. EM SEGUIDA, RETIRAMOS 2 UNIDADES E 7 DEZENAS, OBTENDO NO ÁBACO O RESULTADO DA SUBTRAÇÃO.

– 7 D   – 2 U

D U   D U   D U

24

FAZENDO A DECOMPOSIÇÃO DOS NÚMEROS

$$96 \rightarrow - \begin{vmatrix} 90 + 6 \\ 70 + 2 \end{vmatrix} -$$
$$-72 \rightarrow$$
$$20 + 4 = \underline{\qquad}$$

UTILIZANDO O ALGORITMO

1º SUBTRAÍMOS AS UNIDADES.

D	U
9	6
− 7	2
	4

6 U − 2 U = 4 U

2º EM SEGUIDA, SUBTRAÍMOS AS DEZENAS.

D	U
9	6
− 7	2
2	4

9 D − 7 D = 2 D

OU

9   6   ← MINUENDO

− 7   2   ← SUBTRAENDO

___ ___   ← DIFERENÇA OU RESTO

PORTANTO, FALTAM _____ PEÇAS PARA TAMIRES COMPLETAR O QUEBRA-CABEÇA.

APRENDA MAIS!

O LIVRO *SE VOCÊ FOSSE UM SINAL DE MENOS* APRESENTA OS CONCEITOS DE DIFERENÇA E RESTO. ALÉM DISSO, A ADIÇÃO É APLICADA PARA VERIFICAR O RESULTADO DA SUBTRAÇÃO, COM SITUAÇÕES DIVERTIDAS E ATRATIVAS.

SE VOCÊ FOSSE UM SINAL DE MENOS, DE TRISHA SPEED SHASKAN. TRADUÇÃO DE CAROLINA MALUF. ILUSTRAÇÕES DE FRANCESCA CARABELLI. SÃO PAULO: GAIVOTA, 2011.

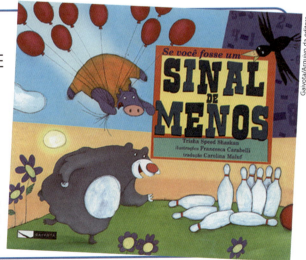

Gaivota/Arquivo da editora

2. UTILIZANDO APENAS UMA VEZ CADA UM DOS NÚMEROS QUE APARECEM NAS FICHAS, COMPLETE OS CÁLCULOS.

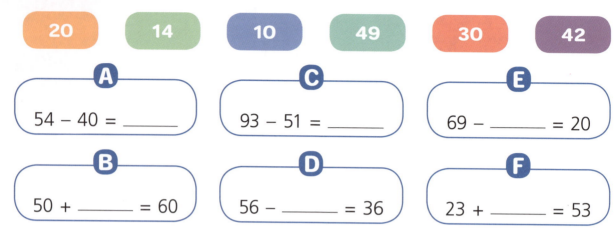

| 20 | 14 | 10 | 49 | 30 | 42 |

A
54 – 40 = _____

C
93 – 51 = _____

E
69 – _____ = 20

B
50 + _____ = 60

D
56 – _____ = 36

F
23 + _____ = 53

- QUE ESTRATÉGIA VOCÊ UTILIZOU PARA DESCOBRIR A FICHA QUE COMPLETAVA CORRETAMENTE CADA CÁLCULO? CONTE PARA OS COLEGAS.

3. O BALCONISTA ESTÁ ORGANIZANDO ALGUNS LIVROS.

CENA A

CENA B

A. QUANTOS LIVROS APARECEM NA CENA **A**? _____ LIVROS.

B. QUANTOS LIVROS O BALCONISTA RETIROU DAS PILHAS?

_____ LIVROS.

C. O BALCONISTA REORGANIZOU OS LIVROS QUE SOBRARAM EM DUAS PILHAS. ASSINALE COM UM **X** A IMAGEM QUE PODE REPRESENTAR ESSAS PILHAS.

Ilustrações: Alexandre Barvik

4. ESCREVA A QUANTIA, EM REAIS, DE PAULA E FLÁVIO, REPRESENTADA NOS QUADROS.

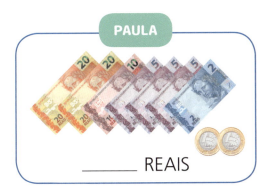

PAULA

_____ REAIS

FLÁVIO

_____ REAIS

Imagens: Banco Central.
Fotografia: Karina Tengan/ID/BR

- QUEM TEM A MAIOR QUANTIA EM REAIS: PAULA OU FLÁVIO? QUANTOS REAIS A MAIS?

5. PAULO E SEUS AMIGOS ESTÃO JOGANDO *VIDEOGAME*. VEJA A PONTUAÇÃO DE CADA UM NO JOGO.

Débora Kamogawa

A. QUEM POSSUI A MAIOR PONTUAÇÃO? _____

E A MENOR PONTUAÇÃO? _____

B. QUANTOS PONTOS FÁBIO TEM A MAIS QUE:

- PAULO?

- CAROL?

- CAMILA?

SUBTRAÇÃO COM REAGRUPAMENTO

1. ALEXANDRE E DANILO VENDEM SORVETES.

HOJE EU VENDI 51 SORVETES.

EU VENDI 12 SORVETES A MENOS QUE VOCÊ.

ALEXANDRE

DANILO

A. QUANTOS SORVETES ALEXANDRE VENDEU? _____ SORVETES.

B. QUANTOS SORVETES DANILO VENDEU?

PARA DETERMINAR A QUANTIDADE DE SORVETES QUE DANILO VENDEU, VAMOS CALCULAR 51 − 12 .

VEJA ALGUMAS MANEIRAS DE EFETUAR ESSA SUBTRAÇÃO E COMPLETE.

COM CUBINHOS E BARRAS

1º REPRESENTAMOS COM BARRAS E CUBINHOS O NÚMERO 51.

51 = 50 + 1

2º PRECISAMOS RETIRAR 2 UNIDADES DE 1 UNIDADE. COMO ISSO NÃO É POSSÍVEL, TROCAMOS 1 DEZENA POR 10 UNIDADES E ACRESCENTAMOS A 1 UNIDADE.

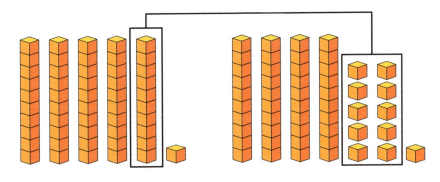

51 = 40 + 11

51 ⟶ 4 DEZENAS + 11 UNIDADES

3º AGORA, PODEMOS RETIRAR 1 DEZENA E 2 UNIDADES DAS 4 DEZENAS E 11 UNIDADES.

51 – 12 = _____

AS BARRAS E OS CUBINHOS QUE SOBRARAM REPRESENTAM A QUANTIDADE DE SORVETE QUE DANILO VENDEU.

Ilustrações: Tamires Rose Azevedo

Débora Kamogawa

FAZENDO A DECOMPOSIÇÃO DOS NÚMEROS

$$51 \longrightarrow -\begin{vmatrix} ^{40}\!5\!0 + 1 \\ 1\,0 + 2 \end{vmatrix} \longrightarrow -\begin{vmatrix} 4\,0 + 1\,1 \\ 1\,0 + \ 2 \end{vmatrix}$$

$$-12 \longrightarrow$$

$$3\,0 + \ 9 \ = \ \underline{\quad\quad}$$

UTILIZANDO O ALGORITMO

 1º NÃO É POSSÍVEL SUBTRAIR 2 UNIDADES DE 1 UNIDADE. ENTÃO, TROCAMOS 1 DEZENA POR 10 UNIDADES, FICANDO COM 4 DEZENAS E 11 UNIDADES. EM SEGUIDA, SUBTRAÍMOS 2 UNIDADES DE 11 UNIDADES.

$$
\begin{array}{c|c}
D & U \\
\hline
{}^4\cancel{5} & {}^11 \\
- \ 1 & 2 \\
\hline
 & 9
\end{array}
$$

11 U − 2 U = 9 U

 2º SUBTRAÍMOS UMA DEZENA DE QUATRO DEZENAS.

$$
\begin{array}{c|c}
D & U \\
\hline
{}^4\cancel{5} & {}^11 \\
- \ 1 & 2 \\
\hline
3 & 9
\end{array}
$$

4 D − 1 D = 3 D

OU

$$
\begin{array}{cc}
{}^4\cancel{5} & {}^11 \\
- \ 1 & 2 \\
\hline
\underline{\quad} & \underline{\quad}
\end{array}
$$

← MINUENDO

← SUBTRAENDO

← DIFERENÇA OU RESTO

PORTANTO, DANILO VENDEU _____ SORVETES.

2. EFETUE AS SUBTRAÇÕES.

A. 72 − 29 = _____

B. 91 − 77 = _____

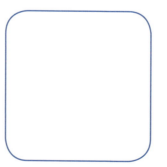

C. 53 − 35 = _____

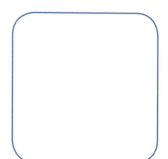

3. EM UMA TURMA DO 2º ANO HÁ 33 ALUNOS MATRICULADOS. NO GRÁFICO ESTÁ REPRESENTADA A QUANTIDADE DE ALUNOS DESSA TURMA QUE COMPARECEU À AULA EM CADA DIA DA SEMANA PASSADA.

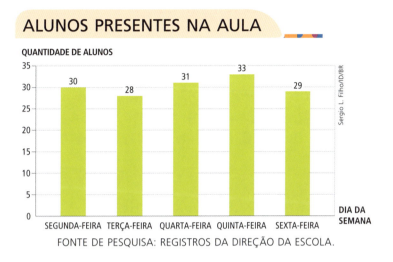

A. QUANTOS ALUNOS DESSA TURMA COMPARECERAM NA:

• SEGUNDA-FEIRA?

_____ ALUNOS.

• QUARTA-FEIRA?

_____ ALUNOS.

• SEXTA-FEIRA?

_____ ALUNOS.

B. EM QUE DIA DESSA SEMANA FALTARAM MAIS ALUNOS?

_____

QUANTOS ALUNOS FALTARAM?

C. EM QUE DIA DA SEMANA TODOS OS ALUNOS COMPARECERAM

À AULA? _____

4. AO ADICIONAR DOIS NÚMEROS, O RESULTADO É 12. UM DESSES NÚMEROS É 8. QUAL É O OUTRO NÚMERO?

$8 +$ _____ $= 12$

5. DIZ A LENDA QUE, HÁ MUITO TEMPO, O IMPERADOR CHINÊS YU AVISTOU, ÀS MARGENS DO RIO AMARELO, UMA TARTARUGA. ELA TINHA, EM SEU CASCO, UM DIAGRAMA, QUE FOI CHAMADO *LO-SHU*. ESSE É O MAIS ANTIGO EXEMPLO DE **QUADRADO MÁGICO** CONHECIDO.

> DIZEMOS QUE UM QUADRADO É MÁGICO QUANDO A SOMA DOS NÚMEROS DE CADA LINHA, COLUNA E DIAGONAL É SEMPRE A MESMA. ESSA SOMA RECEBE O NOME DE **CONSTANTE MÁGICA**.

A. VEJA, NA FIGURA ABAIXO, UMA REPRESENTAÇÃO DO QUADRADO MÁGICO *LO-SHU*. NELE, CADA BOLINHA INDICA UMA UNIDADE.

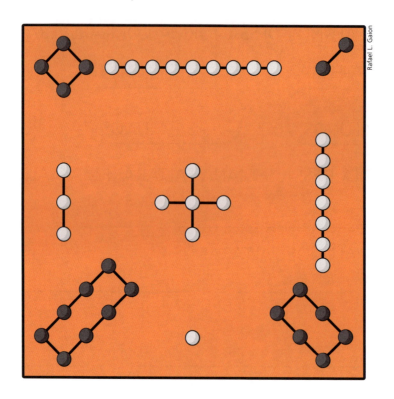

Rafael L. Gaion

SUBSTITUA CADA DESENHO DO QUADRADO MÁGICO *LO-SHU* POR NÚMEROS. EM SEGUIDA, CALCULE A SUA CONSTANTE MÁGICA.

A CONSTANTE MÁGICA É _____.

B. COMPLETE OS QUADRADOS MÁGICOS A SEGUIR. DEPOIS, EXPLIQUE A UM COLEGA COMO VOCÊ FEZ PARA RESOLVER ESTE DESAFIO.

19	29	
17		
	13	

	26	5
	14	
23	17	

> **DICA** A CONSTANTE MÁGICA DO QUADRADO MÁGICO AZUL É 63. JÁ A DO QUADRADO MÁGICO VERDE VOCÊ PODE DESCOBRIR.

6. ESCREVA UMA PERGUNTA PARA CADA PROBLEMA A SEGUIR. DEPOIS, RESOLVA OS PROBLEMAS E RESPONDA ÀS PERGUNTAS QUE VOCÊ ESCREVEU.

A. FERNANDA TINHA 7 BOMBONS. ELA GANHOU ALGUNS DE SUA TIA E FICOU COM 12 BOMBONS.

_____

B. MARISA LEU 15 LIVROS. ELA LEU 8 LIVROS A MAIS QUE ALFREDO.

_____

C. MÔNICA DESEJA COMPRAR UM BRINQUEDO QUE CUSTA 16 REAIS, MAS ELA TEM APENAS 8 REAIS.

_____

COMPARE AS PERGUNTAS E OS CÁLCULOS QUE VOCÊ FEZ COM OS DE UM COLEGA.

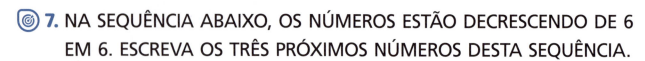

7. NA SEQUÊNCIA ABAIXO, OS NÚMEROS ESTÃO DECRESCENDO DE 6 EM 6. ESCREVA OS TRÊS PRÓXIMOS NÚMEROS DESTA SEQUÊNCIA.

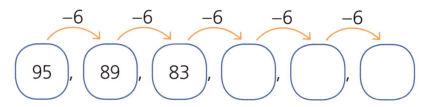

(95), (89), (83), ( ), ( ), ( )

DESCUBRA O PADRÃO DAS SEQUÊNCIAS ABAIXO E ESCREVA OS TRÊS PRÓXIMOS NÚMEROS DE CADA UMA.

A. 83, 73, 63, _____, _____, _____.

B. 92, 79, 66, _____, _____, _____.

C. 96, 78, 60, _____, _____, _____.

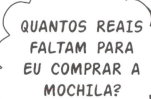

QUANTOS REAIS FALTAM PARA EU COMPRAR A MOCHILA?

8. TIAGO QUER COMPRAR UMA MOCHILA QUE CUSTA 85 REAIS. ATÉ O MOMENTO, ELE CONSEGUIU ECONOMIZAR 76 REAIS.

EFETUE O CÁLCULO E RESPONDA À PERGUNTA DE TIAGO.

9. UTILIZANDO UMA ÚNICA VEZ CADA NÚMERO QUE APARECE NAS FICHAS, COMPLETE AS SUBTRAÇÕES A SEGUIR.

| 48 | 16 | 22 | 13 | 7 | 35 |

A. $35 - 19 =$ _____

B. $44 - 37 =$ _____

C. $91 - 78 =$ _____

D. $50 -$ _____ $= 15$

E. $73 -$ _____ $= 25$

F. $71 -$ _____ $= 49$

NESTA UNIDADE, ESTUDAMOS ALGUMAS IDEIAS DE **ADIÇÃO** E **SUBTRAÇÃO** COM AGRUPAMENTO E SEM AGRUPAMENTOS. LEIA E COMPLETE OS CÁLCULOS.

A. PODEMOS ADICIONAR OU SUBTRAIR USANDO BARRAS E CUBINHOS.

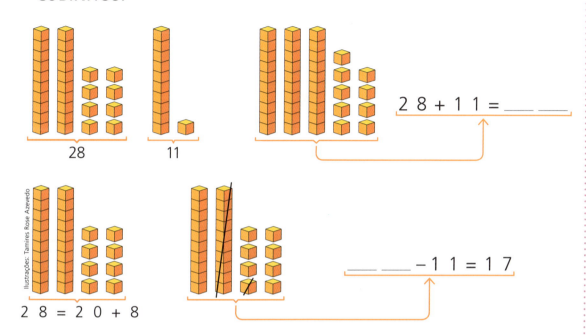

B. TAMBÉM PODEMOS USAR A DECOMPOSIÇÃO DOS NÚMEROS PARA ADICIONAR OU SUBTRAIR.

$$3\ 6 \rightarrow \qquad + \qquad$$
$$+\ 1\ 1 \rightarrow +$$
$$\underline{\qquad + \qquad} +$$
$$4\ 0\ +\ \underline{\quad} = 47$$

$$3\ 5 \rightarrow \qquad + \qquad$$
$$-\ 1\ 1 \rightarrow -$$
$$\underline{\qquad + \qquad} -$$
$$2\ 0\ +\ 4 = \underline{\quad\quad}$$

C. O ALGORITMO É OUTRA ESTRATÉGIA PARA CÁLCULOS DE ADIÇÃO E DE SUBTRAÇÃO.

$$\begin{array}{r} {}^{1}1\quad 6 \\ +\ 1\quad 5 \\ \hline \end{array}$$ ← PARCELAS

$$\begin{array}{r} {}^{4}\cancel{5}\quad {}^{1}1 \\ -\ 1\quad 2 \\ \hline \end{array}$$ ← MINUENDO
← SUBTRAENDO

_____ ← SOMA OU TOTAL   _____ ← DIFERENÇA OU RESTO

Figuras geométricas planas

Ponto de partida

1. O que a menina deve observar para encaixar cada peça do quebra-cabeça na posição correta?

2. Se duas peças de um quebra-cabeça têm mesma cor e estampa, como você faria para identificar o local correto do encaixe?

MENINA ENCAIXANDO AS PEÇAS DE UM QUEBRA-CABEÇA.

Sergey Novikov/
Shutterstock.com/ID/BR

Reconhecendo figuras planas

1. Utilizando os objetos que estão sobre a mesa, Débora desenhou algumas figuras.

Os desenhos que Débora fez são figuras geométricas planas.

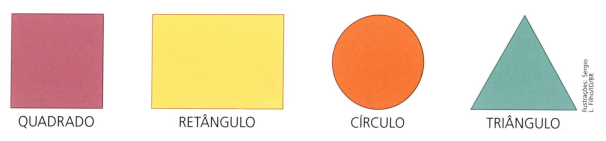

QUADRADO   RETÂNGULO   CÍRCULO   TRIÂNGULO

- De maneira semelhante à de Débora, desenhe quadrados, retângulos, círculos e triângulos.

2. Ligue cada um dos objetos à figura geométrica plana que ele lembra.

Banco Central.
Fotografia: Karina
Tengan/ID/BR

Diego Barbieri/
Shutterstock.
com/ID/BR

Phoebe Yu/
Shutterstock.com/
ID/BR

lolloj/Shutterstock.com/ID/BR

Imagens sem
proporção
entre si.

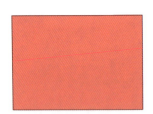

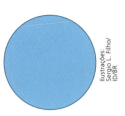
Ilustrações:
Sergio L. Filho/
ID/BR

3. Carlos desenhou um trem usando figuras geométricas planas. Quantas dessas figuras são:

- triângulos? _____
- retângulos? _____
- quadrados? _____
- círculos? _____

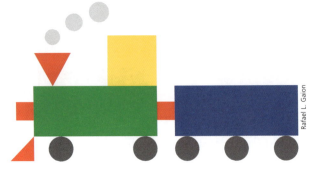
Rafael L. Gaion

 Aprenda mais!

Esse livro mostra as figuras geométricas de maneira simples e divertida, em uma aventura dos personagens Charlie e Lola. Ficou curioso? Então, leia e aprenda mais com esse livro.

Charlie e Lola: formas, de Lauren Child. Tradução de Lavinia Favaro. Ilustrações de Lauren Child. São Paulo: Ática, 2010.

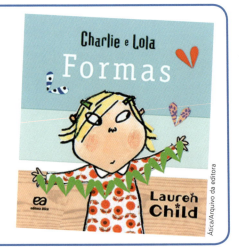
Ática/Arquivo da editora

4. Os mosaicos abaixo são formados por figuras geométricas planas. Termine de pintá-los com as cores adequadas.

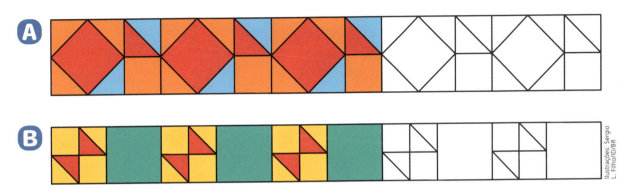

Agora, escreva o nome das figuras geométricas planas que você identifica nesses mosaicos.

_____

Que curioso!

Decoração com geometria e arte

O mosaico é uma arte decorativa muito antiga. Esse padrão pode ser encontrado em peças artesanais, como jarras, caixas e espelhos, e em decorações de paredes e pisos.

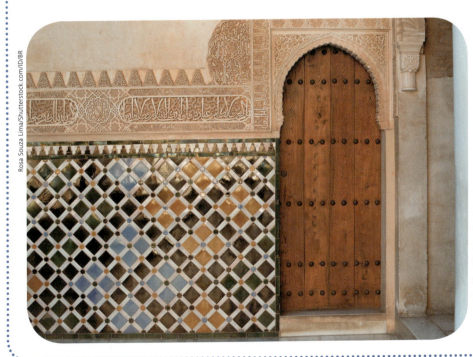

MOSAICO DE AZULEJOS COLORIDOS NA PAREDE DO PALÁCIO DE ALHAMBRA, NA CIDADE DE GRANADA, ESPANHA, EM 2017.

5. Desenhe e pinte, com a cor correspondente, a figura geométrica que está faltando em cada uma das sequências.

A
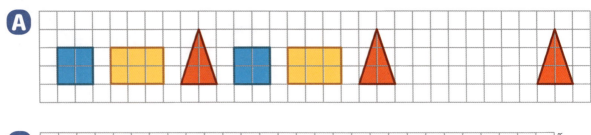

B
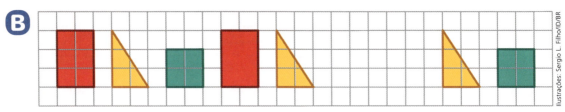

6. Jorge desmontou e recortou a caixa apresentada. Observe as partes que ele obteve.

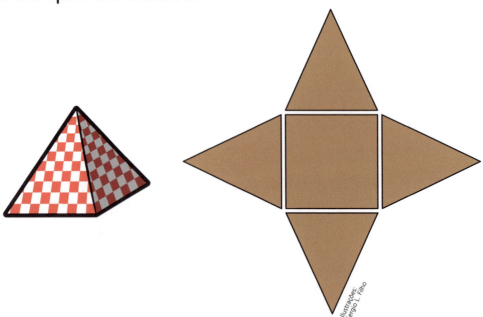

Ilustrações: Sergio L. Filho

a. A caixa que Jorge desmontou lembra qual figura geométrica espacial?

_____

b. Quantas partes ele obteve ao desmontar essa caixa?

_____

c. As partes obtidas lembram quais figuras geométricas planas?

_____

7. Observe uma das obras da artista e desenhista brasileira Tarsila do Amaral (1886-1973).

> Na tela, é possível identificar a representação de veículos, residências e vias públicas.

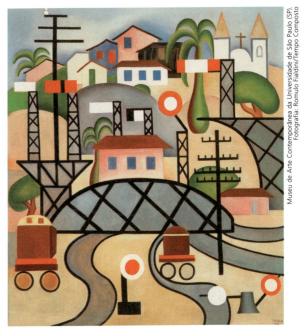

Estrada de Ferro Central do Brasil, de Tarsila do Amaral. Óleo sobre tela, 142 cm x 100,2 cm. 1924.

a. Escreva o nome das figuras geométricas planas que você identifica nessa obra.

---

b. Em uma folha, faça um desenho usando as figuras geométricas planas estudadas até o momento e mostre a seus colegas.

c. Além de Tarsila do Amaral, outros artistas utilizaram figuras geométricas em suas obras. Entre eles, estão o brasileiro Luiz Sacilotto (1924-2003) e o russo Wassily Kandinsky (1866-1944).

Composição, de Luiz Sacilotto. Óleo sobre cimento-amianto, 40 cm x 58 cm. 1948.

Composição 8, de Wassily Kandinsky. Óleo sobre tela, 140 cm x 201 cm. 1923.

• Quais figuras geométricas planas você identifica nas telas apresentadas?

8. Observe as figuras geométricas planas.

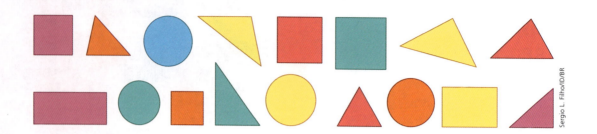

(♺) **a.** Sem realizar contagem, faça uma estimativa da quantidade de figuras representadas acima. _____
Agora, contando uma a uma, determine a quantidade de figuras. _____

b. Complete o quadro de acordo com o nome e a quantidade de cada figura apresentada.

Figura	Quantidade	Figura	Quantidade
Triângulo			
Quadrado			

9. Nas figuras geométricas planas a seguir, estão indicados um de seus **lados** e um de seus **vértices**.

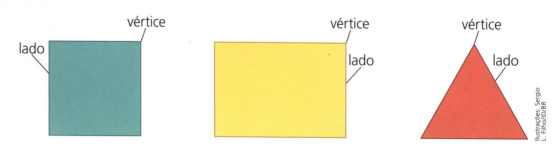

Complete as frases com os números adequados.

a. O quadrado tem _____ lados e _____ vértices.

b. O retângulo tem _____ lados e _____ vértices.

c. O triângulo tem _____ lados e _____ vértices.

10. Com o auxílio de uma régua, Natália desenhou algumas figuras em uma malha pontilhada.

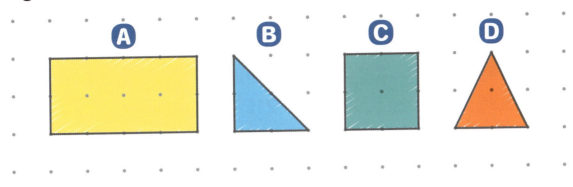

a. Escreva o nome da figura:

A _____

C _____

B _____

D _____

b. Entre as figuras que Natália desenhou, quais têm:

• quatro lados? _____

• apenas três vértices? _____

11. Marque um **X** no quadro em que há um retângulo, dois quadrados e dois triângulos.

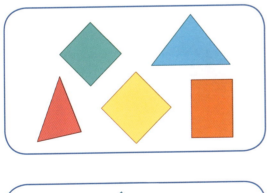

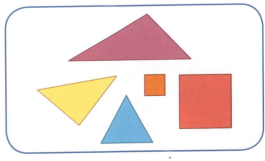

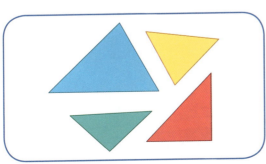

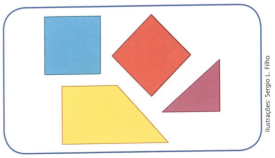

Bingo das figuras geométricas planas

Vamos precisar de:

- Dados e botões que estão na página **213**
- Tabuleiro que está na página **215**

Procedimentos:

Junte-se a um colega de turma e siga as orientações do professor para a confecção dos materiais.

Cada jogador, na sua vez, lança os dois dados e procura no tabuleiro a figura correspondente. Caso haja, ele cobre a figura com um botão. Se não houver, ele deve passar a vez para o próximo jogador. Se o jogador colocar o botão no tabuleiro sobre a figura errada, ele também deve passar a vez.

Vence o jogo quem conseguir colocar primeiro três botões consecutivos em uma linha, coluna ou diagonal do tabuleiro.

Matemática na prática

Alan representou duas figuras usando palitos de sorvete.

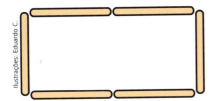

Agora, é a sua vez. Represente, com palitos de sorvete, sobre uma superfície plana (caderno, mesa, etc.), um:

- quadrado, usando 4 palitos.

- retângulo, usando 10 palitos.

- quadrado, usando 8 palitos.

- triângulo, usando 8 palitos.

Ponto de chegada

Nesta unidade, estudamos algumas figuras geométricas planas e seus elementos.

a. Vimos algumas figuras geométricas planas. Ligue cada figura ao nome correspondente.

RETÂNGULO   CÍRCULO   TRIÂNGULO   QUADRADO

b. Identificamos os **lados** e os **vértices** de algumas figuras geométricas planas.

wavebreakmedia/Shutterstock.com/ID/BR

Professora em um momento de aula na escola.

Ponto de partida

1. Escolha uma criança da foto e descreva, com suas palavras, a posição dela nessa sala de aula em relação a dois colegas.

2. Descreva a posição da sua carteira na sala de aula usando, como referência, as outras carteiras e os seus colegas.

Estudando localização e caminhos

1. Para realizar uma atividade de Educação Física, a professora organizou a turma em fileiras com três alunos cada uma.

> Luiz está logo atrás de Jonas e à direita de Elisa.

a. Quem está logo à frente de Elisa e à esquerda de Jonas?

_____

b. Qual é o nome do aluno que está logo atrás de Sara e logo à frente de Adriana? _____

c. Quem está logo à direita de Cristiane e logo atrás de Felipe?

_____

d. Qual é o nome do aluno que está logo à esquerda de Cristiane e logo atrás de Elisa? _____

Matemática na prática

A sua sala de aula está organizada da maneira que aparece na foto da página **88**? Se não estiver, organize sua sala de aula com a ajuda do professor e dos colegas e, depois, escolha um lugar para se sentar.

Agora, observando a localização dos alunos, escreva o nome do aluno que, nesse momento, está sentado:

- à sua frente: _____
- atrás de você: _____
- à sua direita: _____
- à sua esquerda: _____

2. Clóvis guarda sua mochila logo abaixo do guarda-chuva e logo acima do capacete.

Qual é a cor da mochila de Clóvis? _____

GUARDA-CHUVA

BONÉ

BOLSA MARROM

MOCHILA VERDE

BOLSA AZUL

MOCHILA PRETA

CAPACETE

MOCHILA VERMELHA

MOCHILA BEGE

Fotomontagem de Camila Carmona. Fotos: homydesign, vitaliy_73, Nikita Bersenev, JpegPhotographerArtistIO, Yevgen Romanenko, Kartinkin77, Luminis, elenovsky e thirayut/Shutterstock.com/ID/BR

Imagens sem proporção entre si.

3. Veja o esquema com o caminho que Bianca percorre para ir de sua casa à escola.

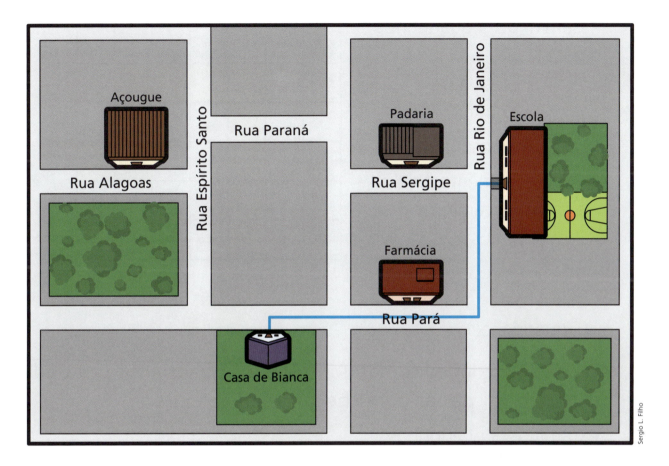

a. Escreva o nome das ruas que Bianca percorre para ir de sua casa à escola.

_____

b. Escreva o nome da rua onde fica:

- o açougue: _____

- a casa de Bianca: _____

- a padaria: _____

- a farmácia: _____

- a escola: _____

c. Trace, no esquema, o caminho mais curto para Bianca ir de sua casa ao açougue.

4. Ao sair da toca, o coelho percorreu o caminho indicado pelos comandos a seguir.

- Caminhou 5 quadrinhos para frente;

- depois, virou para a direita e caminhou 3 quadrinhos;

- virou novamente para a direita e caminhou 2 quadrinhos;

- por fim, virou para a esquerda e caminhou 1 quadrinho.

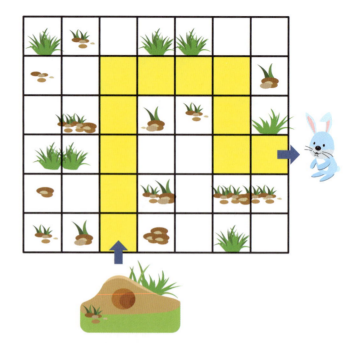

De acordo com os comandos, pinte os quadrinhos por onde o coelho vai passar para chegar até a cenoura.

- Caminhe 3 quadrinhos para frente;

- vire para a direita e caminhe 4 quadrinhos;

- vire para a esquerda e caminhe 3 quadrinhos;

- vire novamente para a esquerda e caminhe 3 quadrinhos;

- por fim, vire para a direita e caminhe 1 quadrinho.

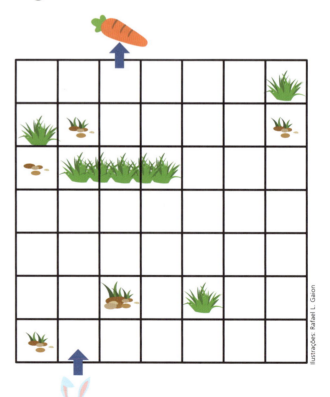

Ilustrações: Rafael L. Gaion

Para fazer juntos!

📋 Escreva em seu caderno os comandos que a formiga deve seguir para percorrer o caminho mais curto até o formigueiro passando pelas folhas.

Em seguida, entregue a um colega para que ele pinte os quadrinhos por onde a formiga vai passar.

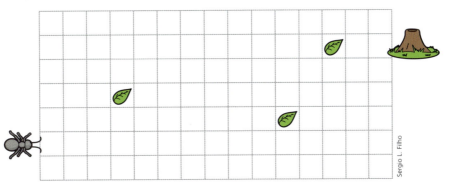

Conte quantos quadrinhos você pintou para levar a formiga ao formigueiro e compare sua resposta com a de seus colegas.

5. Caio e seus amigos foram ao cinema e sentaram nas poltronas como mostra a figura.

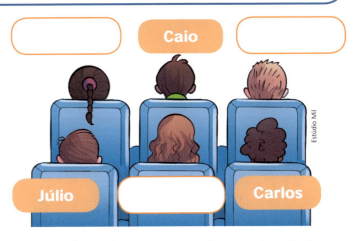

De acordo com as informações, localize os amigos de Caio e escreva os nomes deles.

✏️ Camila está sentada logo à esquerda de Caio e logo à frente de Júlio.

✏️ Entre Carlos e Júlio está Vanessa.

✏️ João está logo à frente de Carlos e logo à direita de Caio.

6. Durante uma gincana na escola, os alunos do 2º ano participaram de uma caça ao tesouro.

Veja, no mapa, o caminho que Pedro fez para chegar ao tesouro.

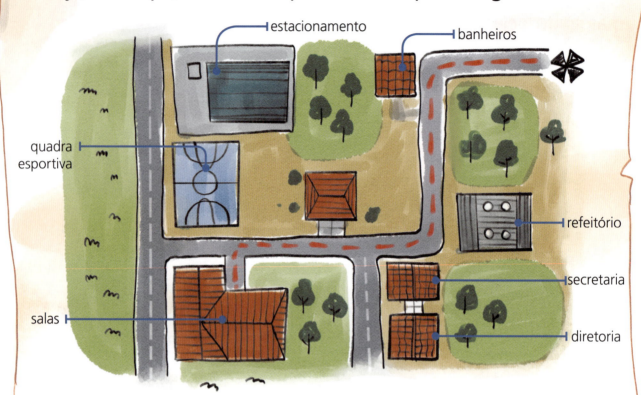

Complete, com as palavras das fichas, o caminho percorrido por Pedro.

FRENTE À DIREITA À ESQUERDA BANHEIROS REFEITÓRIO

SAÍ DA SALA, SEGUI EM _____ ATÉ A

QUADRA E VIREI _____, SEGUI EM FRENTE

ATÉ O _____ E VIREI _____. POR

FIM, SEGUI ATÉ OS _____ E VIREI

_____, CHEGANDO AO TESOURO.

Rivaldo Barboza

7. O caminho que leva o pato até a lagoa foi indicado no esquema a seguir.

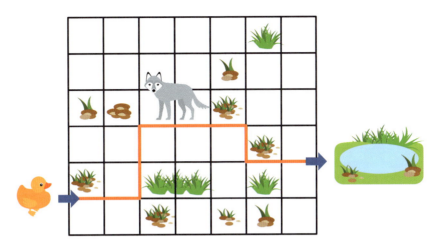

O código abaixo representa o trajeto que o pato percorreu. Observe e complete as setas que faltam nesse código.

→ → ↑ ↑ → → → ↓ ☐ ☐

Agora, trace na malha o caminho que a joaninha deve percorrer para chegar até a folha, de acordo com o código.

→ → → ↓ ↓ ← ↓ → → → → → ↓ ↓

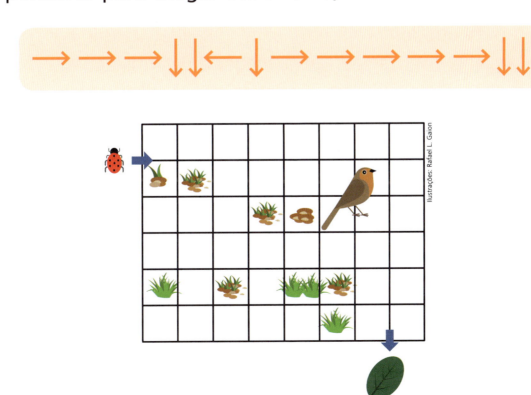

Ilustrações: Rafael L. Gaion

Sem sair do percurso

Se você já usou um GPS, provavelmente escutou instruções como esta de uma gravação de voz ao percorrer o caminho.

"SIGA EM FRENTE. VIRE À ESQUERDA. SEU DESTINO ESTÁ À ESQUERDA."

GPS em uso no *smartphone*. Em geral, os *smartphones* têm essa funcionalidade.

oatawa/Shutterstock.com/ID/BR

O GPS é um sistema de posicionamento global por satélite que fornece a um aparelho sua localização e o caminho a ser seguido para chegar a determinado destino. Ele pode estar instalado em aparelho próprio ou até mesmo no celular.

A. Você já utilizou ou viu alguém utilizando o GPS? Para quê?

B. De acordo com a imagem, como a gravação de voz do GPS descreveria uma outra rota para o mesmo local de partida e o de chegada?

C. Você acha que o GPS facilita quando precisamos realizar um trajeto? Por quê?

Ponto de chegada

Nesta unidade, estudamos algumas ideias de **localização** e **caminhos**. Vamos recordar? Leia e complete os itens.

a. Palavras como **direita**, **esquerda**, **frente**, **atrás**, **acima**, **abaixo** nos auxiliam na localização de uma pessoa ou objeto. Escolha um colega e descreva para o professor a posição dele na sala de aula, nesse momento, usando uma ou mais das palavras destacadas acima.

b. Podemos indicar a direção e o sentido de um caminho. Complete as setas que faltam no código para indicar o caminho que leva o pato até a lagoa.

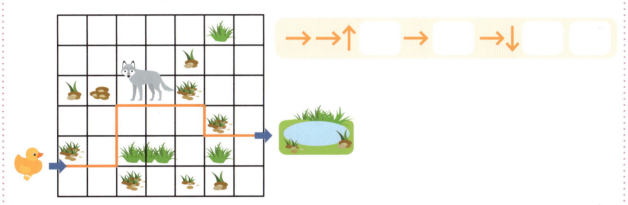

c. Podemos localizar pessoas, objetos ou lugares com base em um ou mais pontos de referência.

A casa de Lisa fica à direita da _____.

Ilustrações: Rafael L. Gaion

Albert Veress/Shutterstock.com/ID/BR

Apicultora trabalhando com abelhas para produção de mel.

Ponto de partida

1. Em sua opinião, que número melhor representa a quantidade de abelhas que há na foto?

2. Como você fez para estimar a quantidade de abelhas na foto?

Conhecendo mais números

JÁ LI 96 DAS 128 PÁGINAS DESSE LIVRO.

1. Manuela está lendo o livro que ganhou de presente de seu pai.

a. Veja o número de páginas do livro que Manuela está lendo representado de maneiras diferentes e complete.

Cubinhos, barras e placas

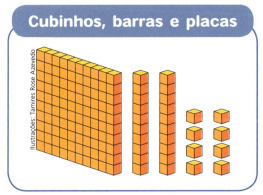

Ábaco

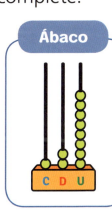

C D U

1 centena, _____ dezenas e _____ unidades

_____ + 20 + _____ = 128

b. O número 128 tem quantos algarismos? _____

Dependendo da posição que o algarismo ocupa em um número, ele representa um valor.

C Centena	D Dezena	U Unidade
1	2	8

No número 128, o **valor posicional** do algarismo:

- 1 é 100 unidades. • 2 é 20 unidades.   • 8 é 8 unidades.

c. Escreva os números de seis páginas desse livro que Manuela ainda não leu.

_____

2. O professor Jurandir organizou uma campanha de doação de livros e revistas.

FORAM ARRECADADOS 173 LIVROS E 132 REVISTAS.

a. Marque com um **X** o ábaco que representa o total de livros arrecadados.

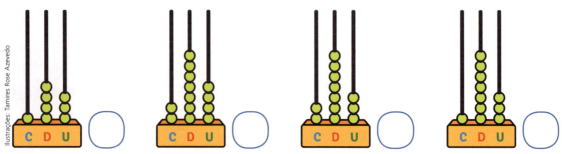

b. Escreva no quadro de ordens o número de revistas arrecadadas.

C	D	U

c. No número 132, qual é o valor posicional do algarismo 3?

_____ unidades.

E no número 173? _____ unidades.

3. Mariana quer comprar uma mochila. De acordo com a representação a seguir, complete o que falta e descubra o preço dessa mochila.

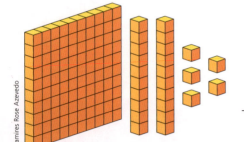

_____ reais

____ centena, ____ dezenas e ____ unidades

____ + ____ + ____ = ____

4. Complete a sequência com os números que faltam.

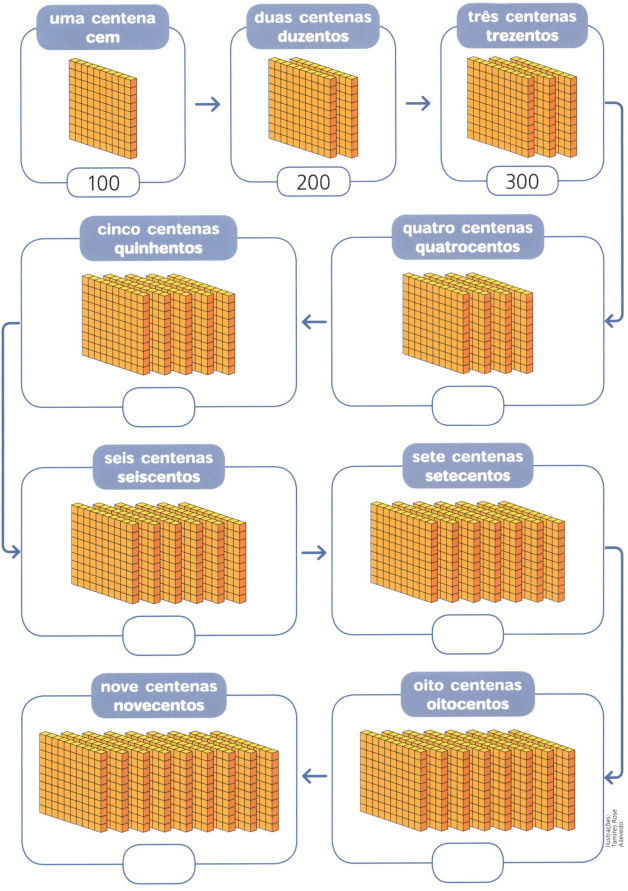

uma centena
cem

100

duas centenas
duzentos

200

três centenas
trezentos

300

quatro centenas
quatrocentos

cinco centenas
quinhentos

seis centenas
seiscentos

sete centenas
setecentos

oito centenas
oitocentos

nove centenas
novecentos

Ilustrações:
Tamires Rose
Azevedo

5. Veja como Marisa decompôs e escreveu por extenso o número **235**.

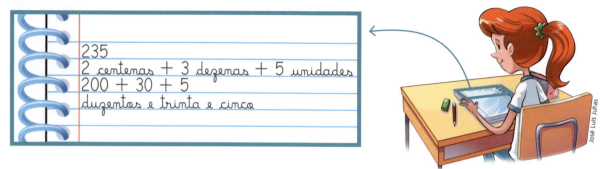

235
2 centenas + 3 dezenas + 5 unidades
200 + 30 + 5
duzentos e trinta e cinco

Agora, decomponha e escreva por extenso os números a seguir.

A 321
_____
_____
_____
_____
_____

B 525
_____
_____
_____
_____
_____

6. Contorne as moedas abaixo, agrupando-as em quantias de um real em cada grupo.

a. A quantia representada acima corresponde a quantos

centavos? _____ centavos.

b. Quantos reais ficaram agrupados? _____ reais.

c. Faltam quantos centavos para que se complete mais um real

com as moedas desagrupadas? _____ centavos.

7. As corridas de rua são populares em todo o mundo. Muitas delas são praticadas por atletas profissionais e amadores que buscam qualidade de vida na prática esportiva.

Escreva, com algarismos e por extenso, os números que aparecem na cena.

_____

_____

_____

_____

8. Juliana construiu um mosaico com tampinhas de garrafas.

💬 **a.** Sem contar, quantas tampinhas você acha que Juliana utilizou?

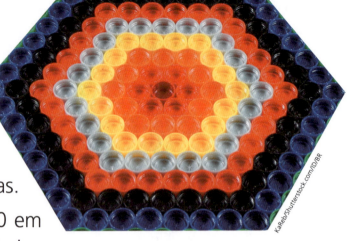

💬 **b.** Junte-se a um colega e conversem a respeito de como é possível determinar a quantidade exata de tampinhas usadas.

c. Conte as tampinhas de 10 em 10 e determine a quantidade exata de tampinhas que Juliana usou.

Mosaico feito com tampas de garrafa.

9. Marcelo fez fichas com valores e cores diferentes.

Utilizando uma ficha de cada cor Marcelo representou o número 486.

400 + 80 + 6 = 486

Agora é com você. Escreva o número representado em cada item.

- 2 centenas | 1 dezena | 7 unidades = _____

- 3 centenas | 5 dezenas | 3 unidades = _____

10. Escreva com algarismos e por extenso o número que Osvaldo representou no ábaco.

_____

Agora, observe o que ele está dizendo e marque com um **X** o item correto.

> NESSE ÁBACO, RETIREI UMA "BOLINHA" DAS UNIDADES, DUAS DAS DEZENAS E TRÊS DAS CENTENAS. EM QUAL DOS ÁBACOS ABAIXO ESTÁ REPRESENTADO O NÚMERO QUE OBTIVE?

A

C D U ◯

B

C D U ◯

C

C D U ◯

Escreva, utilizando algarismos e por extenso, os números representados nos ábacos **A**, **B** e **C**.

A → _____

B → _____

C → _____

11. Utilizando uma ficha de cada cor, forme dez números de três algarismos e escreva-os por extenso em seu caderno.

| 800 | 30 | 900 | 70 | 6 |
| 8 | 2 | 700 | 4 | |

O número mil

12. Otávio está jogando um *videogame*. Se ele pegar mais uma moeda no jogo, ganhará uma vida extra.

a. Qual é a quantidade de moedas que Otávio capturou nesse jogo até o momento? _____

b. Quantas moedas são necessárias para ganhar uma vida extra nesse jogo?

São necessárias _____ (mil) moedas para ganhar uma vida extra nesse jogo.

13. A professora Eleonor está relembrando alguns assuntos já estudados.

Ao agruparmos dez placas (dez centenas) obtemos um cubo (uma unidade de milhar).

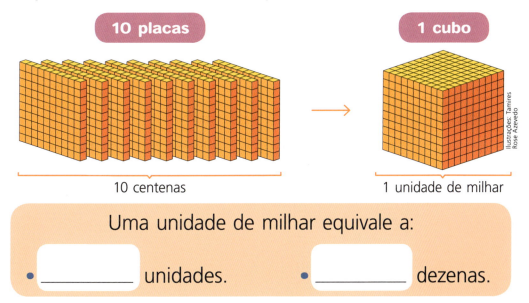

10 placas

10 centenas

1 cubo

1 unidade de milhar

Uma unidade de milhar equivale a:

• _____ unidades.

• _____ dezenas.

14. Utilizando uma calculadora, complete a sequência com os números que estão faltando.

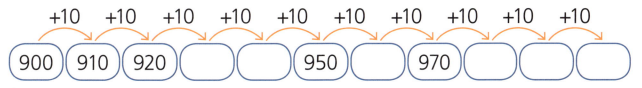

+10 +10 +10 +10 +10 +10 +10 +10 +10 +10

900 910 920 ___ ___ 950 ___ 970 ___ ___ ___

15. Na escola em que Gustavo estuda, há três períodos de aula. De acordo com as informações apresentadas, escreva quantos alunos estudam em cada período.

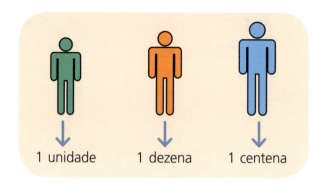

1 unidade   1 dezena   1 centena

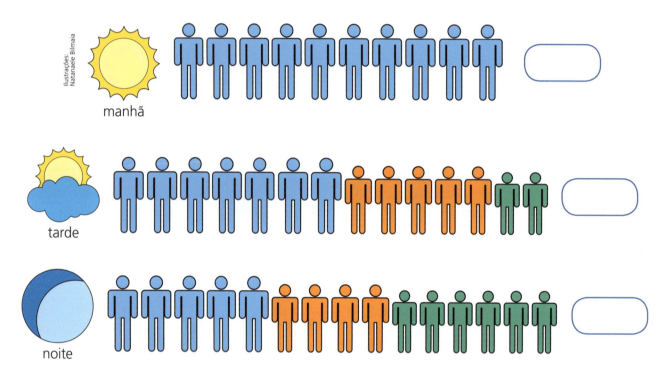

manhã

tarde

noite

16. Veja como podemos compor o número mil adicionando algumas das centenas que aparecem nas fichas.

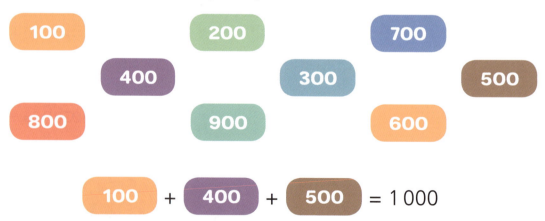

100   200   700

400   300   500

800   900   600

100 + 400 + 500 = 1 000

Agora, utilizando algumas dessas fichas, obtenha de outras quatro maneiras o número mil e escreva-as em seu caderno.

Sequências e comparações

1. Afonso, Amanda e Jaime estão brincando com os números de 100 a 120. Nessa brincadeira, cada criança deve falar a sequência de números escolhida, substituindo os números terminados em **3** ou **7** pela palavra **PIM**. O vencedor da brincadeira é aquele que cometer menos erros.

Observe uma rodada que eles disputaram.

100, 101, 102, **PIM**, 104, 105, 106, 107, 108, 109, 110, 111, 112, **PIM**, 114, 115, **PIM**, 117, 118, 119, 120.

Afonso

100, 101, 102, **PIM**, 104, 105, 106, **PIM**, 108, 109, 110, 111, 112, 113, **PIM**, 115, 116, **PIM**, 118, 119, 120.

Amanda

100, 101, 102, **PIM**, 104, 105, 106, **PIM**, 108, 109, 110, 111, 112, **PIM**, 114, 115, 116, **PIM**, 118, 119, 120.

Jaime

Ilustrações: Rogério Marmo

a. Quantos erros cometeu cada participante durante o jogo?

Afonso: _____

Amanda: _____

Jaime: _____

b. Quem cometeu mais erros? _____

c. Quem ganhou a partida? _____

Matemática na prática

Agora, escolha uma sequência e brinque com seus colegas. Você pode escolher outras regras para substituir números pela palavra **PIM**.

2. Maria, Rodolfo e Guilherme estavam disputando um jogo de tabuleiro. Nesse jogo, vence quem fizer mais pontos. Veja a pontuação de cada um deles.

a. Como você faria para determinar qual jogador venceu?

Para determinar quem venceu, devemos comparar a pontuação obtida pelos jogadores, ou seja, os números **432**, **389** e **398**. Veja uma maneira de compará-los.

Todos os números têm três algarismos. Sendo assim, comparamos os algarismos da centena.

Como 4 é maior do que 3, concluímos que 432 é maior do que 389 e 398.

Portanto, _____ venceu o jogo.

b. Quem foi o 2º colocado?

Nesse caso, os algarismos das centenas são iguais.

9 é maior do que 8

398   e   389

pontuação de Guilherme   pontuação de Rodolfo

💬 E agora, os algarismos de qual ordem você deve comparar?

Portanto, o 2º colocado foi _____.

3. Organize os números de cada conjunto de cadeados em ordem crescente. Depois, organize-os em ordem decrescente.

A   101   104   100   105   99   103   102

B   304   299   298   300   301   303   302

Ilustrações: Rafael L. Gaion

Conjunto	Ordem crescente	Ordem decrescente
A		
B		

4. Escreva o antecessor e o sucessor de cada um dos números.

A   _____, 299, _____

B   _____, 342, _____

5. No quadro ao lado estão indicados alguns algarismos. O número indicado pela seta vermelha é 131. Determine os números indicados pelas outras setas e escreva-os em ordem decrescente.

	↓	↓	↓	
→	1	3	1	_____
				_____
→	2	1	2	_____
				_____
→	3	2	1	_____
				_____

Foco contra a dengue

A dengue é uma doença transmitida principalmente pela picada dos mosquitos da espécie *Aedes aegypti*.

Dor de cabeça, náusea, vômito e dor no corpo são alguns dos sintomas apresentados em pessoas infectadas.

A principal maneira de evitar a doença é combater os mosquitos, que põem seus ovos em água parada para se reproduzirem.

Para identificar e combater focos dos mosquitos, vários municípios dispõem de agentes de controle de endemias, que fazem vistorias nos domicílios e terrenos baldios.

endemias: doenças que ocorrem com frequência em determinada região e atacam uma quantidade significativa de pessoas

Isabela Santos

Roteiro familiar de combate à dengue

Definam um dia e horário da semana.

Distribuam as tarefas.

Incentive seus vizinhos a fazerem também.

Tarefas para eliminar focos

Eliminar água dos vasos de flores.

Manter ralos e sanitários não utilizados tampados.

Verificar se há algum foco no quintal.

A. Você conhece alguém que teve dengue? Que sintomas essa pessoa apresentou?

B. De janeiro a junho de 2016, a região Nordeste registrou a ocorrência de 432 casos confirmados de dengue. No mesmo período do ano 2017, foram notificados 178 casos.

A quantidade de casos de dengue confirmados nessa região aumentou ou diminuiu de 2016 para 2017? Em sua opinião, por que isso ocorreu?

C. Além das medidas citadas nesta seção, que outras tarefas podem ser feitas em nossas casas para eliminar os focos da dengue?

6. O carteiro que faz a entrega das correspondências na rua Francisco de Assis começa pela casa com o maior número e termina na casa de menor número. Observe as correspondências que ele entregou hoje.

a. Qual é o número da casa de Aurora? _____

b. Quem recebeu primeiro a correspondência? _____

c. Quem recebeu por último a correspondência? _____

7. Observe os números indicados no esquema e escreva os que estão faltando.

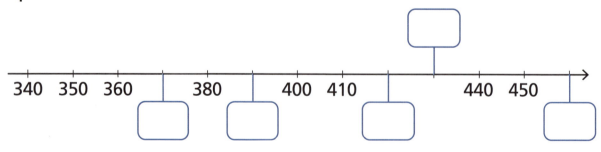

340   350   360   380   400   410   440   450

Agora, complete cada item com o símbolo > (maior) ou < (menor).

a. 350 _____ 380   **d.** 430 _____ 420   **g.** 340 _____ 360

b. 460 _____ 450   **e.** 360 _____ 460   **h.** 400 _____ 350

c. 390 _____ 420   **f.** 370 _____ 440   **i.** 430 _____ 460

8. Paulo e Sílvio estão brincando de adivinhar números.

Veja a sequência de números que Paulo escreveu.

588, 589, 590, 591, 592, 593, 594, 595, 596, 597, 598.

Em seguida, ele escolheu um deles e escreveu três dicas para Sílvio tentar descobrir o número escolhido.

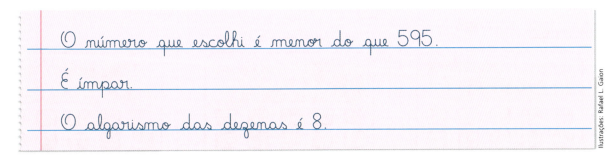

O número que escolhi é menor do que 595.

É ímpar.

O algarismo das dezenas é 8.

Que número Paulo escolheu? _____

Para fazer juntos!

Escreva uma sequência diferente da que foi escrita por Paulo. Depois, escolha um número dessa sequência, apresente três dicas e dê a um colega para ele descobrir o número que você escolheu.

9. Utilizando fichas diferentes, forme um número de três algarismos:

- maior do que 137. → _____
- menor do que 325. → _____
- entre 205 e 324. → _____
- maior do que 718. → _____
- mais próximo de 999. → _____

3   1

2   5   9

8   0

10. Utilizando uma calculadora, podemos determinar o próximo número dessa sequência.

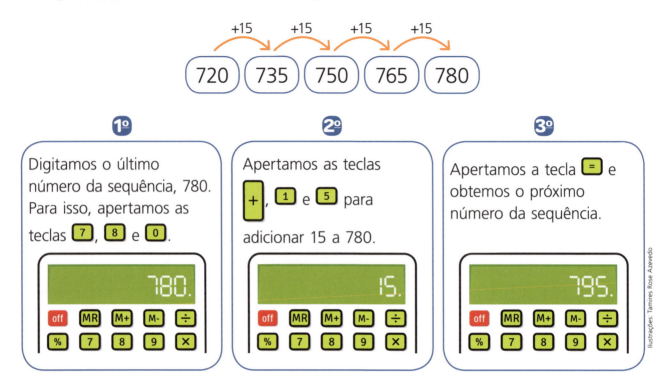

+15   +15   +15   +15

720   735   750   765   780

1º Digitamos o último número da sequência, 780. Para isso, apertamos as teclas ⑦, ⑧ e ⓪.

780.

2º Apertamos as teclas ➕, ① e ⑤ para adicionar 15 a 780.

15.

3º Apertamos a tecla ＝ e obtemos o próximo número da sequência.

795.

Ilustrações: Tamires Rose Azevedo

Seguindo esses passos, obtenha os quatro próximos números de cada sequência.

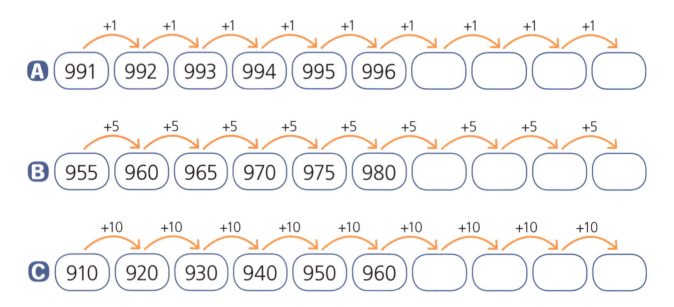

+1 +1 +1 +1 +1 +1 +1 +1 +1

A 991 992 993 994 995 996 ⬜ ⬜ ⬜ ⬜

+5 +5 +5 +5 +5 +5 +5 +5 +5

B 955 960 965 970 975 980 ⬜ ⬜ ⬜ ⬜

+10 +10 +10 +10 +10 +10 +10 +10 +10

C 910 920 930 940 950 960 ⬜ ⬜ ⬜ ⬜

a. Qual foi o último número que você obteve em cada sequência? _____

b. Como esse número é escrito por extenso? _____

Ponto de chegada

Nesta unidade estudamos e representamos os números até mil. Leia e complete o que falta nos itens.

a. Representamos números utilizando placas, barras e cubinhos, no quadro de ordens e no ábaco.

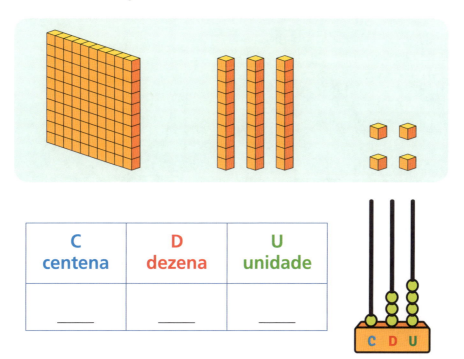

C centena	D dezena	U unidade
_____	_____	_____

b. Vimos que, ao agruparmos 10 placas (10 centenas), obtemos 1 cubo (1 unidade de milhar).

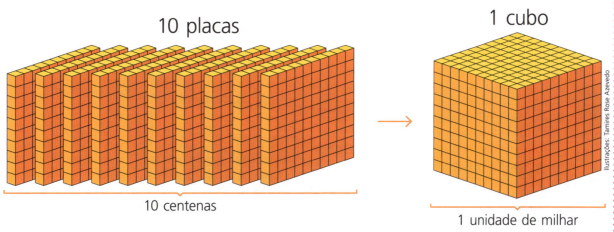

10 placas

10 centenas

1 cubo

1 unidade de milhar

Ilustrações: Tamires Rose Azevedo

c. Comparamos e ordenamos números.

585 é _____ do que 672. 845 é _____ do que 815.

unidade 7
Medidas 1

Cachorro pulando para pegar
o disco que foi lançado.

Ponto de partida

1. Em sua opinião, o cachorro vai alcançar o disco? Por quê?

2. Quem está mais longe do chão, o cachorro ou o disco?
Como você chegou a essa conclusão?

Medidas de comprimento

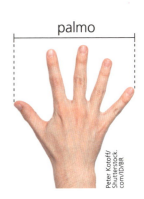
palmo

💬 • Como você faria para realizar uma medição de comprimento, se não existissem unidades de medida padronizadas?

Realizando medições

1. Raquel e Vinícius estavam medindo o comprimento de uma carteira utilizando o palmo. Veja as medidas que eles obtiveram.

ESTA CARTEIRA MEDE 4 PALMOS.

MEDIDAS

PARA MIM, A CARTEIRA MEDE 5 PALMOS.

MEDIDAS

Ilustrações: Rogério Marmo

💬 • Raquel e Vinícius obtiveram quantidades de palmos iguais ou diferentes? Em sua opinião, por que isso ocorreu?

2. Clara mediu o comprimento de seu lápis usando borrachas.

José Vitor Elorza/ ASC Imagens

timquo/ Shutterstock. com/ID/BR

O comprimento do lápis de Clara é de 5 borrachas.

Agora, utilizando sua borracha, meça o seu lápis.

_____ borrachas.

3. Liliane pintou alguns ⬚ para medir o comprimento do apontador.

⬜

| 🟧 | 🟧 | 🟧 | | | | | | | | | |

a. De maneira semelhante, pinte os ⬚ necessários para medir o comprimento dos objetos e escreva as medidas obtidas.

⬜

| | | | | | | | | | | | |

⬜

| | | | | | | | | | | | |

b. Qual é o objeto de maior comprimento? _____

Para fazer juntos!

Junte-se a dois colegas para realizarem medições em três situações diferentes.

a. Meçam o comprimento de uma mesma carteira, cada um usando o seu próprio palmo. Depois, escrevam no quadro ao lado o nome de cada aluno e a quantidade de palmos obtida por vocês.

Nome	Quantidade de palmos

b. Agora, cada um de vocês deve medir a largura da quadra esportiva da escola utilizando o passo.

Escreva o seu nome e dos seus colegas de grupo e anote as medidas, em passos, obtidas por vocês.

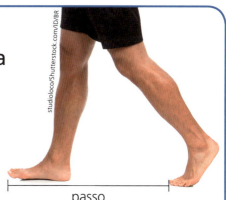

passo

Nome	Quantidade de passos

c. Utilizando o pé, meçam a largura da porta da sala de aula. Anotem o nome de cada aluno e as medidas obtidas por eles.

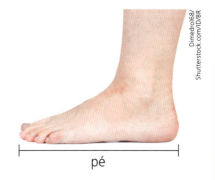

pé

Nome	Quantidade de pés

d. Em cada situação, as quantidades obtidas nas medições são iguais ou diferentes? Por quê? Converse com seus colegas e o professor sobre essa questão.

O centímetro

4. A **régua** é um instrumento de medida de comprimento. Com ela, podemos medir o comprimento, a largura e a altura de alguns objetos em **centímetros** (cm).

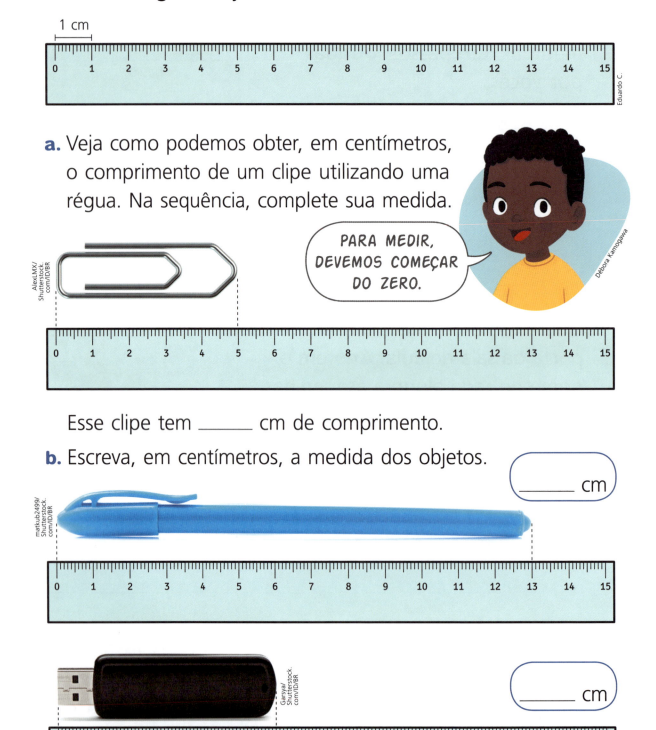

a. Veja como podemos obter, em centímetros, o comprimento de um clipe utilizando uma régua. Na sequência, complete sua medida.

PARA MEDIR, DEVEMOS COMEÇAR DO ZERO.

Esse clipe tem _____ cm de comprimento.

b. Escreva, em centímetros, a medida dos objetos.

_____ cm

_____ cm

5. Usando uma régua, meça e escreva o comprimento, em centímetros, das tiras.

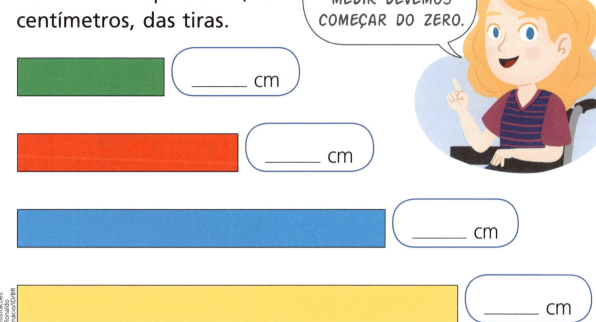

LEMBRE-SE: PARA MEDIR DEVEMOS COMEÇAR DO ZERO.

_____ cm

_____ cm

_____ cm

_____ cm

Agora, complete escrevendo a cor da tira adequada.

a. A tira mais comprida é a _____.

b. A tira mais curta é a _____.

c. A tira _____ tem mais do que 5 cm e menos do que 7 cm de comprimento.

d. A tira _____ tem mais do que 8 cm e menos do que 11 cm de comprimento.

Aprenda mais!

Você consegue se imaginar no lugar do centímetro? Você poderia ser usado para medir a largura da janela, a altura de um animal ou o comprimento de um novo corte de cabelo. É essa aventura que o livro _Se você fosse um centímetro_ propõe aos leitores.

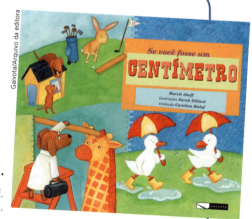

Se você fosse um centímetro, de Marcie Aboff. Tradução de Carolina Maluf. Ilustrações de Sarah Dillard. São Paulo: Gaivota, 2011.

O milímetro

6. Izabel mediu o comprimento de sua tesoura com o auxílio de uma régua.

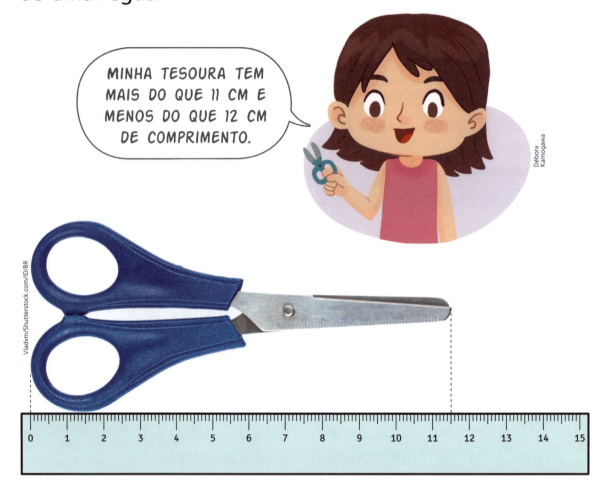

> MINHA TESOURA TEM MAIS DO QUE 11 CM E MENOS DO QUE 12 CM DE COMPRIMENTO.

O centímetro está dividido em 10 partes iguais. Cada uma dessas partes corresponde a 1 **milímetro** (1 mm).

1 cm = _____ mm

Complete a frase com a medida, em milímetros, da tesoura de Izabel.

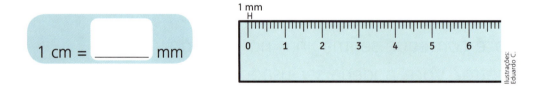

> **Dica** 11 cm = 110 mm

A tesoura de Izabel tem _____ mm de comprimento.

7. Escreva a medida, em milímetros, dos objetos.

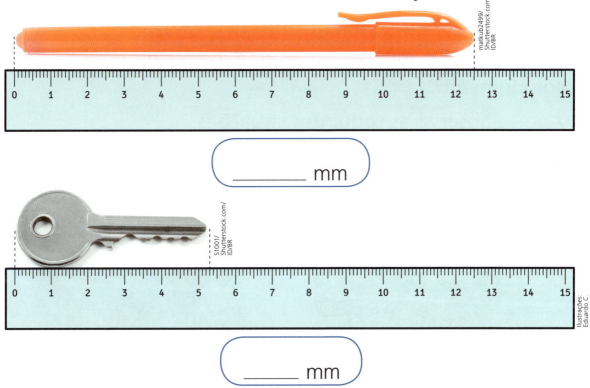

_____ mm

_____ mm

8. Estime se o comprimento de sua borracha é menor, maior ou igual a 60 mm.

Agora, utilizando uma régua verifique se sua estimativa está correta.

9. Com o auxílio de uma régua, determine a medida, em milímetros, de cada um dos lados das figuras.

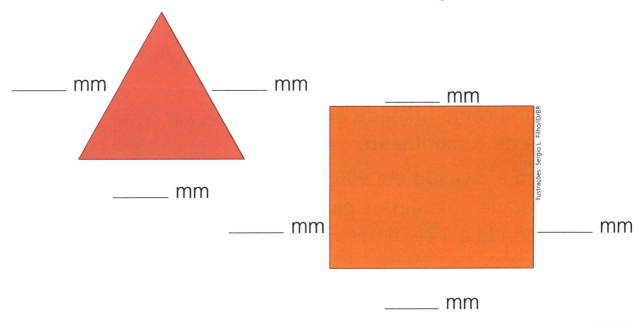

_____ mm

_____ mm

_____ mm

_____ mm

_____ mm

_____ mm

_____ mm

O metro

10. Já vimos que, em algumas situações, utilizamos o centímetro e o milímetro como unidades de medida de comprimento.

Agora, observe as seguintes situações.

DE ACORDO COM SUAS MEDIDAS, VOCÊ PRECISA COMPRAR **2 METROS DE TECIDO.**

A

O ARMÁRIO QUE ESTOU FAZENDO TERÁ **3 METROS** DE ALTURA.

B

C

A SENHORA DEVE COMPRAR **35 METROS** DE ARAME PARA CERCAR ESTE POMAR.

Ilustrações: Alexandre Barvik

Nas situações acima, utilizou-se o **metro** (m) como unidade de medida de comprimento.

O metro é dividido em 100 partes iguais. Cada uma dessas partes corresponde a 1 centímetro.

Na palavra centímetro, "centi" significa "a centésima parte". Assim, o centímetro é a centésima parte do metro, ou seja, em um metro "cabem" 100 centímetros.

1 m = _____ cm

11. Na página anterior, foram utilizados alguns instrumentos para realizar as medições em cada situação. Veja com mais detalhes esses instrumentos e escreva em qual cena cada um deles foi utilizado.

metro articulado **fita métrica** **trena**

Matemática na prática

🔧 Para realizar esta atividade, você deve utilizar uma fita métrica ou metro articulado.

Escolha três objetos de sua sala e estime o comprimento de cada um deles. Em seguida, escreva o nome de cada objeto no local adequado.

Menos do que 1 m	1 m	Mais do que 1 m

Utilizando a fita métrica ou o metro articulado, verifique se suas estimativas estão corretas.

Para fazer **juntos!**

Junte-se a quatro colegas e, utilizando a fita métrica, meçam os lados da sala de aula. Em seguida, completem a adição e calculem o comprimento do contorno da sala.

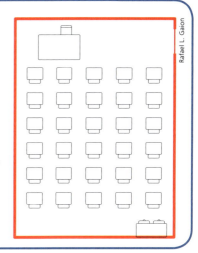

_____ + _____ + _____ + _____ = _____

O comprimento do contorno da sala de aula é _____ m.

12. Observe no gráfico a altura máxima aproximada, em metros, de algumas árvores encontradas no Brasil.

Altura máxima aproximada de algumas árvores encontradas no Brasil

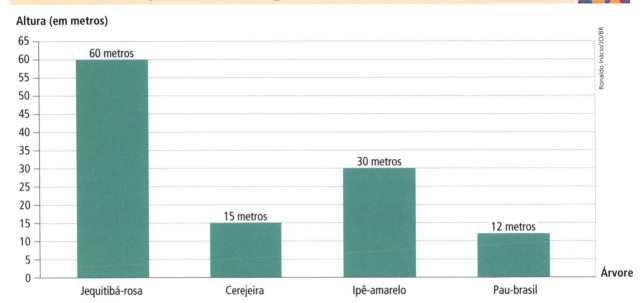

Altura (em metros)

Fonte de pesquisa: Catálogo da Flora Campus USP Leste. EACH. Disponível em: <http://each.uspnet.usp.br/site/download/manuais/Cat%C3%A1logo%20da%20Flora.pdf>. Acesso em: 2 nov. 2017.

Jequitibá-rosa em Valinhos, estado de São Paulo, no ano 2014.

Cerejeira com flores em uma praça de Curitiba, Paraná, no ano 2016.

Ipê-amarelo no parque Ibirapuera, em São Paulo, no ano 2014.

Pau-brasil no parque Ibirapuera, em São Paulo, no ano 2017.

a. Qual é a árvore mais alta? _____

Quantos metros ela pode atingir? _____ m.

b. Qual é a árvore mais baixa? _____

Quantos metros ela pode atingir? _____ m.

c. Qual delas pode atingir entre 20 m e 35 m de altura?

13. A professora distribuiu os alunos da sala em grupos e pediu que usassem uma fita métrica para medir, em centímetros, a altura de cada aluno do grupo. Em seguida, eles deveriam registrar as medidas em um quadro.

Em seguida, a professora apresentou na lousa outra maneira de representar a altura de um dos alunos da sala.

No quadro abaixo, estão indicadas as medidas em centímetros obtidas pelos alunos de um dos grupos.

Determine a altura, em metros e centímetros, de cada um dos alunos e termine de completar o quadro.

Nome	Altura (cm)	Altura (m e cm)
Valéria	126 cm	
Artur	130 cm	
Olívia	127 cm	
Igor	129 cm	

Matemática na prática

Junte-se a quatro colegas e, usando uma fita métrica, meçam em centímetros a altura de cada aluno do grupo e anotem os dados em um quadro semelhante ao da atividade **13**. Em seguida, escrevam em metros e centímetros a altura de cada um de vocês.

Medidas de capacidade

1. Para verificar se o conteúdo de um recipiente cabia em um copo, Anderson encheu o recipiente com água e despejou-a no copo.

Depois que o copo ficou completamente cheio, Anderson percebeu que sobrou um pouco de água dentro do recipiente.

Ilustrações: Débora Kamogawa

a. O que aconteceria se Anderson despejasse toda a água do

recipiente no copo? _____

b. Complete as frases com **menor** ou **maior**.

• A capacidade do recipiente com água é _____ do que a do copo.

• A capacidade do copo é

_____ do que a

do recipiente com água.

> A **capacidade** é a quantidade de líquido que um recipiente pode conter.

2. Contorne, em cada item, o recipiente com menor capacidade.

A

B

3. Observe como Simone, Daniel e Heitor fizeram para saber a quantidade de água que cabe em três garrafas térmicas iguais.

a. Quem utilizou mais jarras de água para encher a garrafa?

_____

b. Por que Simone utilizou menos jarras de água do que Daniel para encher a garrafa?

_____

_____

O litro

4. A mãe de Jairo estava guardando alguns produtos que havia comprado no supermercado quando ele perguntou:

O **litro** é uma unidade de medida utilizada para medir a capacidade de um recipiente. Pode-se abreviar o litro por L. Assim, 1 L significa 1 litro.

Observe os produtos abaixo e contorne aqueles que são vendidos em litros.

5. Escreva a letra correspondente a cada um dos recipientes abaixo, em ordem crescente de capacidade, ou seja, do que cabe menos litros para o que cabe mais litros. _____

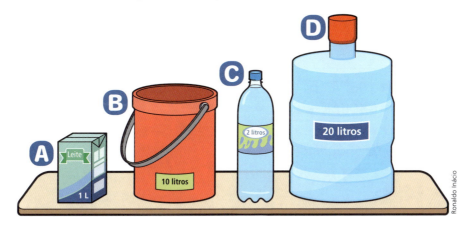

6. A garrafa ao lado tem capacidade para 1 L de água. Jonas verificou que com o conteúdo dessa garrafa é possível encher 4 copos iguais, como os representados.

a. Com o conteúdo de duas garrafas é possível encher quantos copos iguais a esses? _____ copos.

b. Com o conteúdo de três garrafas é possível encher quantos copos iguais a esses? _____ copos.

7. Jaqueline comprou uma embalagem com 6 garrafas de suco de 2 L cada para a festa de aniversário de seu filho.

Quantos litros de suco ela comprou? _____ L.

8. Marina prepara duas garrafas térmicas de café, com capacidade de 1 L cada, todos os dias, para os funcionários de um escritório. Em três dias, quantos litros de café ela deverá preparar? _____ L.

O mililitro

9. Laura realizou um experimento para determinar quantos copos de 500 **mililitros** (ml) é possível encher com 1 L de água.

De acordo com o experimento de Laura, complete:

500 ml + _____ ml = 1 000 ml

> 1 000 ml equivale a 1 L
> 1 000 ml = 1 L

10. Marque com um **X** os recipientes que têm capacidade maior do que 700 ml.

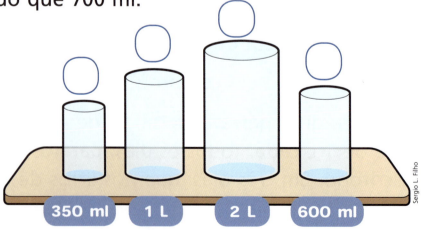

350 ml   1 L   2 L   600 ml

11. Ligue cada recipiente à ficha com a capacidade correspondente. Um deles já está ligado à ficha.

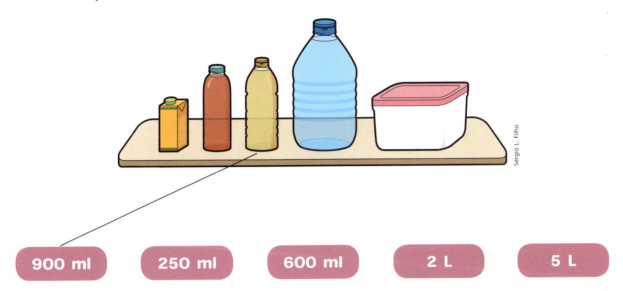

| 900 ml | 250 ml | 600 ml | 2 L | 5 L |

12. Assinale com um **X** a unidade de medida mais adequada para medir a capacidade de cada recipiente.

- Balde de água.

  ◯ Litro   ◯ Mililitro

- Copo de suco.

  ◯ Litro   ◯ Mililitro

- Galão de água.

  ◯ Litro   ◯ Mililitro

- Vidro de perfume.

  ◯ Litro   ◯ Mililitro

13. O professor levou para a sala de aula a representação de um cubo com 1 cm de aresta.

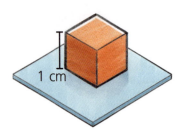

O espaço ocupado por esse cubo corresponde a **um centímetro cúbico** (1 cm³). Um centímetro cúbico equivale a um mililitro.
1 cm³ = 1 ml

a. Em seguida, utilizando uma colher de medida e o recipiente com formato de cubo com 1 cm de aresta, o professor verificou essa equivalência na prática.

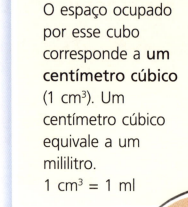

Cabe _____ ml de água nesse recipiente.

b. Utilizando uma colher de medida, como a representada a seguir, cheia de água, é possível encher quantos desses recipientes?

_____

Ilustrações: Rivaldo Barboza

14. Complete os itens.

a. 2 cm³ = _____ ml

d. _____ cm³ = 15 ml

b. 10 cm³ = _____ ml

e. 25 cm³ = _____ ml

c. _____ cm³ = 7 ml

f. _____ cm³ = 50 ml

Ponto de chegada

Nesta unidade, estudamos algumas unidades de medida de comprimento e de capacidade.

a. Utilizamos partes do corpo para medir comprimentos.

Ilustrações:
Rivaldo Barboza

b. Conhecemos as unidades de medidas de comprimento **metro** (m), **centímetro** (cm) e **milímetro** (mm).

1 cm = _____ mm

_____ m = 100 cm

c. Conhecemos alguns instrumentos de medida de comprimento, entre eles a **régua** e o **metro articulado**. Cite o nome de mais dois instrumentos de medida de comprimento que você conhece.

_____

d. Comparamos a capacidade de diferentes recipientes. Contorne o recipiente com a menor capacidade.

A JARRA É O RECIPIENTE DE MAIOR CAPACIDADE.

Rivaldo Barboza

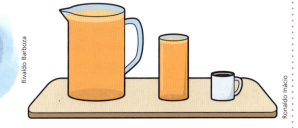

Ronaldo Inácio

e. Conhecemos as unidades de medida de capacidade **litro** (L) e **mililitro** (ml).

1 L = _____ ml

Sérgio Pedreira/ Pulsar Imagens

Samba de roda Raízes do Acupe, em Santo Amaro, na Bahia, no ano 2017.

Ponto de partida

1. Em sua opinião qual é o gênero musical que as pessoas estão dançando?

2. Faça uma pesquisa para determinar qual é o gênero musical preferido das pessoas que moram com você.

Tabelas

1. Moacir realizou uma pesquisa para saber qual é a cor preferida de seus colegas de sala. Observe seus registros.

COR PREFERIDA

AZUL: ///////   VERDE: ////

VERMELHO: ////////   MARROM: //

AMARELO: /////   BRANCO: /

LARANJA: /

Rogério Marmo

Em seguida, ele organizou as informações obtidas em uma **tabela simples**, que chamamos simplesmente de **tabela**.

Cor preferida pelos alunos do 2º ano	
Cor	**Quantidade de pessoas**
Azul	7
Vermelho	8
Amarelo	5
Verde	4
Outra	4

Fonte de pesquisa: Registros de Moacir.

a. Quantas pessoas preferem a cor verde? _____ pessoas.

b. Qual foi a cor mais votada? _____

c. Quantas pessoas Moacir entrevistou? _____ pessoas.

d. Quais cores estão incluídas na opção Outra?

2. A professora Ana realizou uma pesquisa com seus alunos para saber qual é a fruta preferida deles.

Qual é a sua fruta preferida?

Laranja: ☐☐☐☐☐	Uva: ☐☐☐
Morango: ☐☐☐	Outra: ☐☐
Melancia: ☐☐☐☐	

Ronaldo Inácio

a. Complete a tabela de acordo com as informações acima.

Fruta preferida pelos alunos da professora Ana	
Fruta	**Quantidade de pessoas**
Laranja	25
Morango	
Melancia	
Uva	
Outra	

Fonte de pesquisa: Registros da professora Ana.

b. Qual é a fruta preferida pela maioria dos alunos de Ana?

◯ Morango   ◯ Laranja   ◯ Melancia

Quantos votos essa fruta recebeu? _____ votos

c. Quantos votos a melancia recebeu a mais do que o morango?

_____ − _____ = _____

A melancia recebeu _____ votos a mais do que o morango.

3. Abel realizou uma pesquisa de preço de alguns produtos em duas lojas diferentes.

Veja os dados coletados por ele na **tabela de dupla entrada**.

Produto	Preço (em reais)	
	Loja A	Loja B
Caderno	12	12
Estojo	16	17
Caixa de lápis de cor	19	22
Calculadora	11	16

Fonte de pesquisa: Registros de Abel.

a. Qual é o preço da caixa de lápis de cor na:

• loja **A**? _____   • loja **B**? _____

b. Marque um **X** no produto com menor preço na loja **B**.

c. Contorne o produto com maior preço na loja **A**.

Imagens sem proporção entre si.

drpnncpp/iStock/Getty Images

SS1001/Shutterstock.com/ID/BR

goh seok thuan/ Shutterstock.com/ ID/BR

SEKTOR/Shutterstock.com/ID/BR

d. Considerando apenas o preço, em qual das lojas Abel deve comprar a calculadora?

◯ Loja **A**.   ◯ Loja **B**.

Gráficos

1. Observe os dados de uma pesquisa realizada pela professora de Arthur.

Sobremesa preferida dos alunos da sala de Arthur	
Sobremesa	Quantidade de alunos
Pudim	6
Gelatina	5
Sorvete	9
Manjar	3
Outra	7

Fonte de pesquisa: Registros da professora de Arthur.

A partir da tabela, vamos construir um **gráfico**. Nesse gráfico, pinte um quadrinho para cada voto recebido.

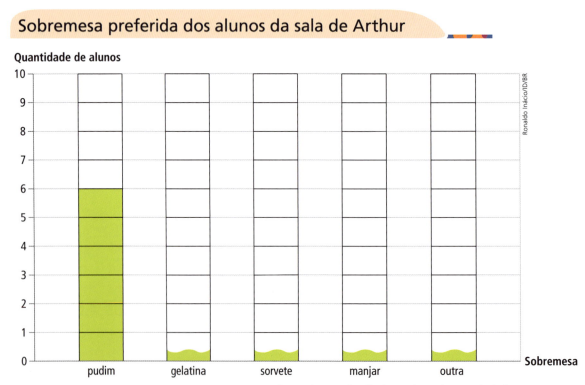

Sobremesa preferida dos alunos da sala de Arthur

Fonte de pesquisa: Registros da professora de Arthur.

2. Rômulo realizou uma pesquisa para saber qual é o esporte preferido de seus amigos entre quatro opções.

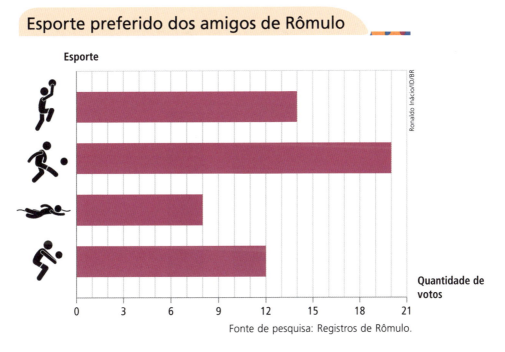

Esporte preferido dos amigos de Rômulo

Fonte de pesquisa: Registros de Rômulo.

a. Quantos votos recebeu:

• o voleibol? _____ votos.

• a natação? _____ votos.

• o futebol? _____ votos.

• o basquetebol? _____ votos.

b. Marque com um **X** o esporte preferido pela maioria dos amigos de Rômulo.

◯ Futebol   ◯ Voleibol

◯ Basquetebol   ◯ Natação

c. Em cada quadro, contorne o esporte que recebeu mais votos.

d. Qual dos esportes apresentados você prefere?

3. No gráfico, está representada a quantidade de horas que alguns animais dormem por dia.

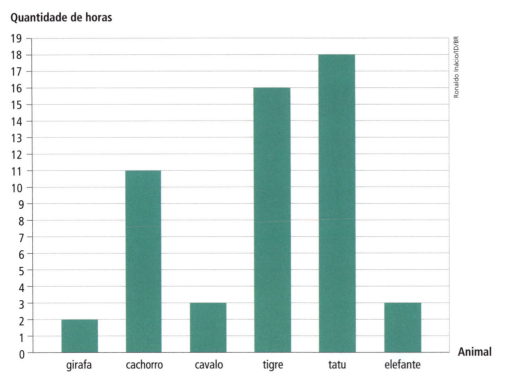

Quantidade de horas de sono, por dia, de alguns animais

Fonte de pesquisa: In vivo. Disponível em: <http://www.invivo.fiocruz.br/cgi/cgilua.exe/sys/start.htm?infoid=724&sid=2>. Acesso em: 16 nov. 2017.

a. Entre os animais apresentados no gráfico, aquele que passa mais tempo dormindo é o _____. Esse animal dorme cerca de _____ horas por dia.

b. De acordo com o gráfico, a _____ é o animal que passa menos tempo dormindo. Esse animal dorme cerca de _____ horas por dia.

c. O _____ e o _____ dormem cerca de 3 horas por dia.

d. O cachorro dorme cerca de _____ horas por dia e o tigre dorme cerca de _____ horas por dia.

4. Observe o que Nelson e seus amigos estão dizendo.

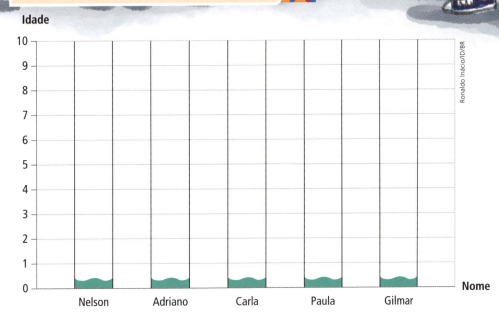

Agora, pinte no gráfico a quantidade de quadrinhos correspondente à idade de cada criança.

Idade de Nelson e seus amigos

Fonte de pesquisa: Registros de _____

Matemática na prática

Você vai realizar uma pesquisa em sua sala de aula com até 20 colegas. Para isso, faça uma das perguntas apresentadas.

Que animal de estimação você tem ou gostaria de ter?

○ Gato

○ Cachorro

○ Peixe

○ Coelho

○ Outros

Quantos livros você leu neste ano?

○ Nenhum

○ 1

○ 2

○ 3

○ Mais do que 3

Agora, organize os dados obtidos em uma tabela no caderno e, depois, preencha o gráfico abaixo.

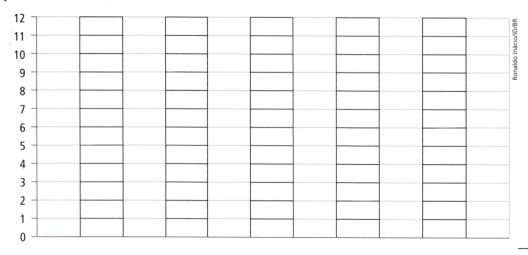

Quantidade de alunos

12
11
10
9
8
7
6
5
4
3
2
1
0

_____ _____ _____ _____   outros

Fonte de pesquisa: Registros de _____

Ronaldo Inácio/ID/BR

Noções de probabilidade

1. Alice montou o molde representado ao lado e obteve um dado.

> AO LANÇAR ESSE DADO, É MUITO PROVÁVEL QUE O QUADRADO SEJA SORTEADO.

Ilustrações: José Luís Juhas

a. Complete a frase com a expressão **muito provável** ou **pouco provável**.

> É _____ que, ao lançar esse dado, o triângulo seja sorteado.

b. Nas faces do dado há círculos? _____

c. Ao lançar esse dado, é **pouco provável** ou **impossível** que o círculo seja sorteado?

_____

2. Jorge desafiou Marcos para uma corrida. Jorge competirá de bicicleta e Marcos, de carro.

a. Quem você acha que vencerá a corrida?

◯ Jorge.   ◯ Marcos.

b. Utilizando uma das fichas, complete a frase.

> **Improvável**   **Impossível**

É _____ que Jorge vença a corrida.

3. Cada saquinho a seguir representa uma situação. Ligue essas situações às expressões correspondentes.

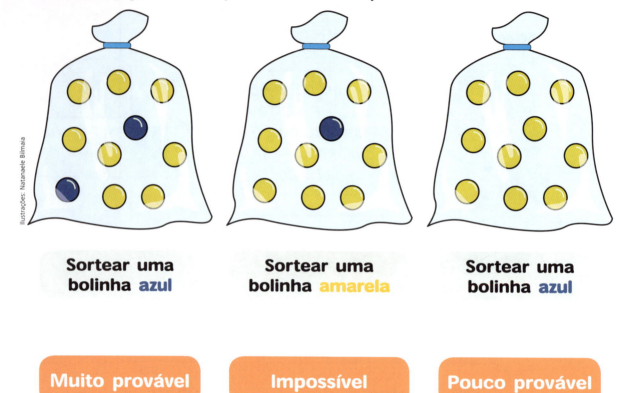

Sortear uma bolinha azul

Sortear uma bolinha amarela

Sortear uma bolinha azul

Muito provável

Impossível

Pouco provável

4. Classifique os acontecimentos em **muito provável**, **pouco provável**, **improvável** ou **impossível**.

a. Encontrar um filhote de elefante na sala de sua casa.

_____

b. Ao lançar um dado comum numerado de 1 a 6, obter um número de 1 a 5.

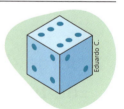

_____

c. Sortear uma bolinha **vermelha** da caixa ao lado.

_____

d. Da caixa de lápis ao lado, retirar sem olhar, um lápis **vermelho**.

Lápis

_____

Ponto de chegada

Nesta unidade, vimos como organizar e interpretar dados. Também classificamos acontecimentos de acordo com sua probabilidade de ocorrer. Vamos recordar. Leia e resolva o que se pede.

a. Podemos organizar as informações de uma pesquisa em **tabelas** e **gráficos**.

Desempenho das equipes na gincana	
Equipe	Quantidade de pontos
A	9
B	11
C	8
D	13
E	7

Fonte de pesquisa: Registros dos organizadores da gincana.

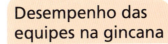

Desempenho das equipes na gincana

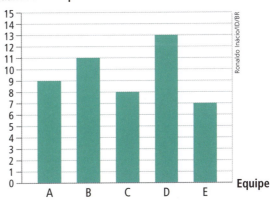

Fonte de pesquisa: Registros dos organizadores da gincana.

- Que equipe obteve mais pontos? _____

- Quantos pontos essa equipe obteve a mais do que a equipe **E**? _____ pontos.

b. Podemos classificar os acontecimentos em **muito provável**, **pouco provável**, **improvável** ou **impossível**. Ao retirar uma bolinha da caixa ao lado:

- é _____ retirar uma bolinha **azul**.

- é _____ retirar uma bolinha **amarela**.

- é _____ retirar uma bolinha **vermelha**.

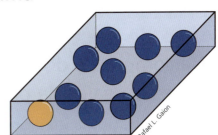

9 Adição e subtração 2

Momento de pagamento de uma compra em uma feira livre, na cidade de São José dos Campos, São Paulo, em 2016.

Ponto de partida

1. Na compra de dois produtos, que operação matemática deve ser realizada para calcular o valor a cobrar?

2. E se for necessário devolver troco, que operação matemática o vendedor pode utilizar?

Adição

1. A escola onde Raquel estuda formou quatro equipes com os alunos de algumas turmas para participarem de uma gincana.

Observe, na tabela, o desempenho das equipes na tarefa de coletar material reciclável durante uma semana.

Quantidade de material reciclável coletado durante a semana		
Equipe	Quantidade de papel (em quilogramas)	Quantidade de plástico (em quilogramas)
Amarela	254	175
Verde	166	172
Azul	168	164
Vermelha	166	155

Fonte: Registro da direção da escola onde Raquel estuda.

Que curioso!

Reciclar para construir

O uso de material reciclável na fabricação de materiais para construção civil cresce a cada dia. Alguns exemplos são a reutilização de garrafas PET na composição de tijolos para a construção de casas e o uso do vidro para produção de cimento e concreto asfáltico.

Fábrica produzindo tijolo feito de garrafas PET recicladas, em Israel, no ano 2006.

a. Como você faria para determinar quantos quilogramas de papel e plástico, ao todo, a equipe Amarela coletou?

Para determinar quantos quilogramas a equipe Amarela coletou, precisamos adicionar a quantidade de papel e a de plástico, ou seja, 254 + 175 .

Veja algumas maneiras de efetuar esse cálculo.

Com cubinhos, barras e placas

1º Representamos cada número com cubinhos, barras e placas.

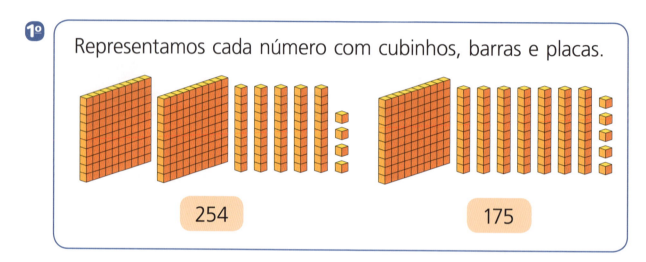

254   175

2º Juntamos todos os cubinhos, barras e placas. Em seguida, trocamos dez barras por uma placa.

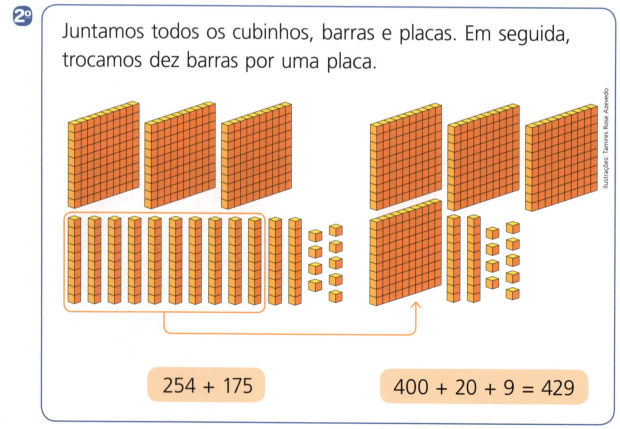

254 + 175   400 + 20 + 9 = 429

Ilustrações: Tamires Rose Azevedo

Fazendo a decomposição dos números

$$
\begin{array}{r}
2\ 5\ 4 \\
+\ 1\ 7\ 5 \\
\hline
\end{array}
\longrightarrow
\quad +
\begin{array}{c}
200 + 50 + 4 \\
100 + 70 + 5 \\
\hline
300 + 120 + 9
\end{array}
\quad +
$$

> VAMOS EFETUAR A ADIÇÃO DECOMPONDO OS NÚMEROS E UTILIZANDO O ALGORITMO.

$$300 + 120 + 9 = 300 + 100 + 20 + 9 = 400 + 20 + 9 = 429$$

Utilizando o algoritmo

1º Adicionamos as unidades.

C	D	U
2	5	4
+ 1	7	5
		9

4 U + 5 U = 9 U

2º Adicionamos as dezenas.

C	D	U
2	5	4
+ 1	7	5
	12	9

5 D + 7 D = 12 D

3º Trocamos dez dezenas por uma centena. Em seguida, adicionamos as centenas.

C	D	U
¹2	5	4
+ 1	7	5
4	2	9

1 C + 2 C + 1 C = 4 C

ou

$$
\begin{array}{r}
^{1}2\quad 5\quad 4 \\
+\ 1\quad 7\quad 5 \\
\hline
4\quad 2\quad 9
\end{array}
$$

} parcelas

← soma ou total

Portanto, a equipe Amarela recolheu 429 quilogramas de papel e plástico.

b. Determine quantos quilogramas de papel e plástico, ao todo, foram recolhidos pela equipe:

Verde	Azul	Vermelha
_____ kg	_____ kg	_____ kg

2. O padeiro Emílio fez 178 pães de manhã e 156 pães à tarde.

Quantos pães, ao todo, Emílio fez nesse dia?

Padeiro retirando pães do forno.

Podemos determinar a quantidade de pães que Emílio fez calculando 178 + 156 .

Veja como efetuar essa adição utilizando o algoritmo e complete o que falta no cálculo.

1º Adicionamos as unidades.

C	D	U
1	7	8
+ 1	5	6
		14

8 U + 6 U = 14 U

2º Trocamos dez unidades por uma dezena. Depois, adicionamos as dezenas.

C	D	U
1	¹7	8
+ 1	5	6
	13	4

1 D + 7 D + 5 D = 13 D

3º Trocamos dez dezenas por uma centena. Em seguida, adicionamos as centenas.

C	D	U
¹1	¹7	8
+ 1	5	6
3	3	4

1 C + 1 C + 1 C = 3 C

ou

¹1 ¹7 8
+ 1 5 6   } parcelas

___ ___ ___   ← soma ou total

Assim, Emílio fez ao todo _____ pães nesse dia.

3. Efetue os cálculos da maneira que achar mais conveniente.

A 177 + 158 = _____

C 469 + 263 = _____

B 347 + 165 = _____

D 657 + 189 = _____

4. Calcule no caderno e complete as sentenças de maneira que sejam verdadeiras, escolhendo os números adequados entre as fichas apresentadas.

| 816 | 287 | 392 |
| 942 | 321 | 157 |

CADA FICHA PODE SER UTILIZADA UMA ÚNICA VEZ.

Débora Kamogawa

a. 185 + 136 = _____

c. 547 + 269 = _____

b. 267 + 255 = _____

d. 785 + 157 = _____

5. Efetue os cálculos e determine o algarismo correspondente a cada figura, sabendo que figuras com o mesmo formato representam algarismos iguais.

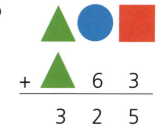

6. O inspetor Eugênio realizou uma pesquisa para saber quantos veículos passaram, em certo dia da semana, na rua em frente à escola, durante uma hora, no horário de entrada das aulas. Depois, ele montou um gráfico com os resultados. De acordo com esse gráfico, quantos veículos passaram por essa rua nesse período? _____ veículos.

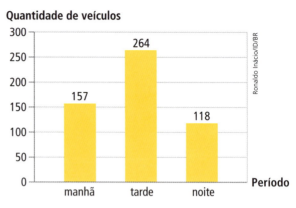

Veículos que passaram em frente à escola

Quantidade de veículos

Fonte de pesquisa: Registros de Eugênio.

7. Rafaela saiu de casa com certa quantia em dinheiro.

No supermercado, ela gastou 124 reais. Voltando para casa, passou na farmácia e gastou mais 43 reais. Sabendo que Rafaela voltou para casa com a quantia representada ao lado, responda aos itens.

a. Ao todo, quantos reais Rafaela gastou no supermercado e na farmácia?

b. Rafaela saiu de casa com quantos reais?

8. Silas quer comprar a bola e o uniforme. Veja como ele pensou para saber quantos reais, aproximadamente, vai gastar com essa compra.

ARREDONDO 158 PARA 160 E 51 PARA 50. AGORA, ADICIONO OS VALORES ARREDONDADOS E OBTENHO O VALOR APROXIMADO DA COMPRA: 160 + 50 = 210.

PRÓ-SPORT

Uniforme completo
158 reais

51 reais

a. Efetue o cálculo exato e compare com o resultado aproximado obtido por Silas.

b. O valor aproximado é maior ou menor do que o valor exato?

_____

• Quantos reais a mais ou a menos? _____

9. De maneira semelhante à apresentada na atividade anterior, arredonde os números das parcelas para a dezena mais próxima e calcule mentalmente o resultado aproximado.

a. 178 + 42

b. 291 + 59

_____ + _____ = _____   _____ + _____ = _____

Agora, efetue os cálculos exatos no caderno e verifique se os resultados aproximados estão próximos dos valores exatos.

Cidade mais verde

Em meio a tantas construções nas cidades, as árvores têm um papel essencial para melhorar a qualidade de vida das pessoas.

As prefeituras municipais são responsáveis pelo plantio e manutenção de mudas, mas a população também pode contribuir, incentivando programas que tenham esse propósito e também se tornando voluntária desses programas.

É comum ocorrerem mobilizações para plantio e reflorestamento de áreas no dia 5 de junho, em comemoração ao Dia Mundial do Meio Ambiente e da Ecologia, ou em 21 de setembro, por marcar o início da primavera e representar o Dia da Árvore. Porém, essas ações não devem ser isoladas. Todos têm o dever de proteger o ambiente em que vivem a fim de preservarem esse bem tão valioso.

Veja na imagem alguns benefícios da arborização urbana.

José Luís Juhas

A. Você já plantou alguma árvore? Se sim, conte como foi a experiência.

B. Você considera que o município em que vive é arborizado? Por quê?

C. Para comemorar o Dia Mundial do Meio Ambiente, um grupo de voluntários organizou uma campanha de conscientização, alertando sobre a necessidade de preservação ambiental. Participaram como voluntários dessa campanha 174 homens e 153 mulheres. Ao todo, a campanha contou com quantos voluntários?

Subtração

1. Visitar um museu é uma das maneiras de aprender a cultura e os valores de um povo. No quadro, está representada a quantidade de pessoas que visitaram um museu durante seis dias de uma semana do mês de maio.

Pessoas visitando o Museu do Amanhã, no município do Rio de Janeiro, em dezembro de 2015.

segunda-feira	terça-feira	quarta-feira	quinta-feira	sexta-feira	sábado
123 pessoas	258 pessoas	312 pessoas	374 pessoas	439 pessoas	458 pessoas

a. Em que dia da semana o museu recebeu a maior quantidade de visitantes? _____

b. Quantos visitantes o museu recebeu no sábado a mais do que na quinta-feira?

Para responder à pergunta do item **b**, precisamos subtrair a quantidade de pessoas que visitaram o museu na quinta-feira da quantidade de pessoas que visitaram o museu no sábado, ou seja, 458 – 374.

VEJA ALGUMAS MANEIRAS DE EFETUAR 458 – 374.

Com cubinhos, barras e placas

1º Representamos o número 458 com cubinhos, barras e placas. Em seguida, retiramos 4 cubinhos de 8 cubinhos.

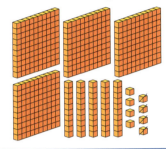

$$458 = 400 + 50 + 8$$
$$458 - 4 = 454$$

2º Como não é possível retirar 7 barras de 5 barras, trocamos 1 placa por 10 barras e acrescentamos às 5 barras. Em seguida, retiramos 7 barras.

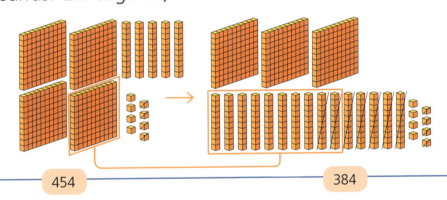

454   384

3º Retiramos 3 placas de 3 placas.

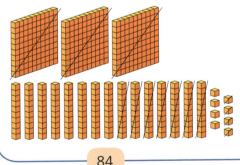

Os cubinhos e as barras que sobraram sem riscar representam o resultado da subtração.

84

Ilustrações: Tamires Rose Azevedo

Fazendo a decomposição dos números

$$+ 100$$

$$
\begin{array}{ccccc}
4\ 5\ 8 & \rightarrow & \\
-3\ 7\ 4 & \rightarrow &
\end{array}
\quad -
\begin{array}{|ccccc|}
\overset{300}{\cancel{400}} & + & 50 & + & 8 \\
300 & + & 70 & + & 4
\end{array}
\quad \rightarrow \quad -
\begin{array}{|ccccc|}
300 & + & 150 & + & 8 \\
300 & + & 70 & + & 4
\end{array}
$$

$$4$$

$$0 + 80 + 4 = 84$$

Utilizando o algoritmo

1º Subtraímos 4 unidades de 8 unidades.

C	D	U
	5	8
4		
− 3	7	4
		4

$$8 \text{ U} - 4 \text{ U} = 4 \text{ U}$$

2º Como não é possível retirar 7 dezenas de 5 dezenas, trocamos 1 centena por 10 dezenas, ficando com 15 dezenas. Depois, subtraímos 7 dezenas de 15 dezenas.

C	D	U
^{3}A̶	^{1}5	8
− 3	7	4
	8	4

$$15 \text{ D} - 7 \text{ D} = 8 \text{ D}$$

3º Por fim, subtraímos as centenas.

C	D	U
^{3}A̶	^{1}5	8
− 3	7	4
0	8	4

$$3 \text{ C} - 3 \text{ C} = 0 \text{ C}$$

ou

^{3}A̶^{1}5 8 ←minuendo
− 3 7 4 ←subtraendo
0 8 4 ←diferença ou resto

Portanto, no sábado o museu recebeu _____ visitantes a mais do que na quinta-feira.

c. Determine a diferença entre a quantidade de pessoas que o museu recebeu na sexta-feira e na terça-feira.

2. Efetue os cálculos da maneira que achar mais adequada.

A 915 − 354 = _____

B 315 − _____ = 130

3. Junte as sílabas dos quadros cujos resultados dos cálculos são menores do que 500 e descubra o nome de uma fruta.

MO 927 – 416 = _____

FA 718 – 142 = _____

LA 763 – 382 = _____

JA 815 – 324 = _____

RAN 569 – 197 = _____

RA 938 – 429 = _____

O nome da fruta é _____.

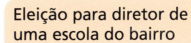

4. Em uma escola do bairro foi realizada uma eleição para a escolha do novo diretor. Veja no gráfico o nome dos candidatos e a quantidade de votos obtidos por eles.

Eleição para diretor de uma escola do bairro

Quantidade de votos

358

271

192

27

Rubens   Fernanda   Carlos   brancos e nulos

Candidato

Fonte de pesquisa: Direção da escola do bairro.

a. Que candidato obteve a maior quantidade de votos?

_____

Quantos votos ele obteve? _____ votos.

b. Quantos eleitores votaram nessa eleição, sabendo que os eleitores votaram apenas uma vez?

c. Qual é a diferença de votos entre o candidato mais votado e o candidato menos votado?

5. Sem efetuar cálculos, complete com o sinal + (mais) ou − (menos).

A (357 __ 213 = 144)   **D** (293 __ 105 = 398)

B (129 __ 110 = 239)   **E** (579 __ 96 = 483)

C (418 __ 276 = 142)   **F** (346 __ 259 = 605)

a. Como você fez para decidir qual era o sinal adequado em cada situação?

b. Agora, efetue os cálculos em seu caderno e verifique se suas respostas estão corretas.

6. A professora escreveu uma sequência numérica na lousa e pediu a Cibele que descrevesse a regra dessa sequência.

PARA DETERMINAR UM NÚMERO DESSA SEQUÊNCIA, A PARTIR DO SEGUNDO NÚMERO, SUBTRAÍMOS 2 UNIDADES DO NÚMERO ANTERIOR.

| 56 | 54 | 52 | 50 | 48 |

Flavio Pereira

Agora, descubra e descreva a regra das sequências abaixo. Em seguida, complete cada uma delas.

A (42)(39)(36)( )( )( )

Regra: _____

B (22)(28)(34)( )( )( )

Regra: _____

7. Rita foi ao banco e retirou 345 reais de sua conta para pagar algumas despesas. Sabendo que havia 816 reais antes de fazer a retirada, quantos reais sobraram na conta de Rita?

8. Elza vende deliciosos salgados assados. No sábado, ela levou 435 salgados para vender na feira. Sabendo que ao terminar a feira ela voltou para casa com 82 salgados, calcule quantos salgados ela vendeu.

9. Escreva o enunciado de um problema envolvendo uma situação de compra e venda. Para isso utilize as cédulas e os produtos representados abaixo. Em seguida, dê o problema para um colega resolver no caderno.

Imagens sem proporção entre si.

Bicicleta
269 reais

Urso de pelúcia
57 reais

10. Joice e Marcos estão brincando de escrever sequências. Nesta brincadeira, uma pessoa fala a regra e a outra escreve a sequência.

Veja a sequência que Joice escreveu.

$+ 10$

1º número → 135, 145, 155, 165, 175, 185, 195.

a. A sequência escrita por Joice está correta? Justifique.

_____

b. Joice também apresentou uma regra.

Escreva a sequência observando as regras que Joice apresentou.

_____

Ponto de chegada

Nesta unidade, estudamos alguns procedimentos que auxiliam a efetuar adição e subtração. Vamos recordar? Leia e complete o que falta nos itens.

a. Efetuamos adições e subtrações utilizando **cubinhos**, **barras** e **placas**.

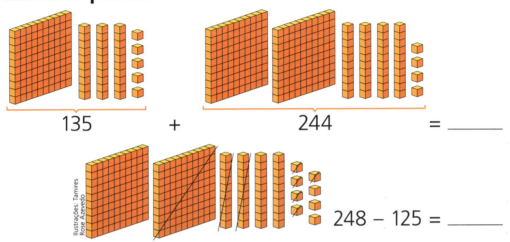

Ilustrações: Tamires Rose Azevedo

135   +   244   = _____

248 − 125 = _____

b. Vimos como efetuar adições e subtrações fazendo a **decomposição dos números**.

$$
\begin{array}{r}
2\;5\;3 \\
+\,1\;8\;6 \\
\hline
\end{array}
\longrightarrow
+\begin{array}{r}
200 \;+\; 50 \;+\; 3 \\
100 \;+\; 80 \;+\; 6 \\
\hline
300 \;+\; 130 \;+\; 9
\end{array}+
$$

$$300 + 130 + 9 = 300 + 100 + 30 + 9 = 400 + 30 + 9 = 439$$

$$
\begin{array}{r}
4\;5\;8 \\
-\,3\;7\;4 \\
\hline
\end{array}
\rightarrow
-\begin{array}{r}
\overset{300}{400} \;+\; 50 \;+\; 8 \\
300 \;+\; 70 \;+\; 4 \\
\hline
4
\end{array}
\xrightarrow{\;+\,100\;}
-\begin{array}{r}
300 \;+\; 150 \;+\; 8 \\
300 \;+\; 70 \;+\; 4 \\
\hline
0 \;+\; 80 \;+\; 4
\end{array}- = 84
$$

c. Efetuamos adições e subtrações utilizando o **algoritmo**.

C	D	U
¹1	¹7	8
+ 1	4	6

C	D	U
⁴5̶	¹5	8
− 2	7	4

10 Multiplicação e divisão

Barracas montadas em um acampamento ao ar livre.

bicharm/Shutterstock.com/ID/BR

Ponto de partida

1. Como os organizadores deste acampamento podem acomodar os participantes de maneira que todas as barracas fiquem com a mesma quantidade de pessoas?

2. Como você faria para determinar quantas pessoas, ao todo, estão acampadas, sabendo o total de barracas e que a mesma quantidade de pessoas ocupa cada uma delas?

Multiplicação

 • Como você faz para resolver uma adição que tem várias parcelas iguais?

Adição de parcelas iguais

1. Miriam é confeiteira. Veja as tortas que ela fez para atender a uma encomenda.

a. Quantas tortas Miriam fez? _____ tortas.

b. Quantos morangos Miriam colocou em cada torta? _____ morangos.

c. Quantos morangos Miriam colocou, ao todo, nas duas tortas? _____ morangos.

Para resolver o item **c**, podemos adicionar a quantidade de morangos de cada torta.

$$6 + 6 = \underline{}$$

Observe nesta adição que as parcelas são iguais, ou seja, o número 6 aparece 2 vezes. Assim, podemos dizer que:

2 vezes 6 morangos é igual a _____ morangos.

2 **vezes** 6 é **igual** a _____ .

Podemos representar uma adição de parcelas iguais por meio de uma **multiplicação** e utilizar o símbolo **x** (vezes).

$$2 \times 6 = \underline{}$$

quantidade de tortas | quantidade de morangos em cada torta ← quantidade total de morangos

2. Para atender a outra encomenda, Miriam fez as tortas mostradas ao lado.

Quantos morangos Miriam colocou, ao todo, nessas tortas?

Rogério Marmo

_____ + _____ = _____

Multiplicação

_____ vezes _____ morangos é igual a _____ morangos.

_____ × _____ = _____

Miriam colocou _____ morangos nessas tortas.

3. Desenhe 8 em cada quadro.

Quantas você desenhou?

Adição

_____ + _____ = _____

Multiplicação

_____ × _____ = _____

Eu desenhei, ao todo, _____ .

Ilustrações: Rafael L. Gaion

Multiplicando por 2 e 3

4. Heloísa e Ariane foram ao cinema. Antes de o filme começar, elas compraram alguns pacotes de guloseimas. Veja quantos pacotes de guloseimas cada uma comprou.

Ariane

Heloísa

Rogério Marmo

a. Quantas guloseimas há em cada pacote? _____ guloseimas.

b. Quantos pacotes de guloseimas Heloísa comprou? _____ pacotes.

c. Quantas guloseimas Heloísa comprou ao todo?

Adição   Multiplicação

_____ + _____ = _____   _____ × _____ = _____

Heloísa comprou _____ guloseimas.

d. Quantos pacotes de guloseimas Ariane comprou? _____ pacotes.

e. Quantas guloseimas Ariane comprou ao todo?

Adição   Multiplicação

_____ + _____ + _____ = _____   _____ × _____ = _____

Ariane comprou _____ guloseimas.

5. Verônica e Silas vão realizar um trabalho escolar. Para isso, eles foram até a biblioteca.

a. Quantos livros Verônica vai pegar emprestado? _____ livros.

E quantos livros Silas vai pegar emprestado? _____ livros.

b. A quantidade de livros que Silas vai pegar emprestado corresponde a **2 vezes** a quantidade de livros que serão emprestados por Verônica. Dizemos que a quantidade de livros que Silas vai emprestar é o **dobro** da quantidade de livros que serão emprestados por Verônica.

$$2 \times \underline{\hspace{2cm}} = \underline{\hspace{2cm}}$$

quantidade de livros que Verônica vai pegar emprestado

quantidade de livros que Silas vai pegar emprestado

> Para calcular o **dobro** de um número, basta multiplicar esse número por 2.

6. Sandra colocou tampinhas de garrafas em potes seguindo uma regra.

Quantas tampinhas ela vai colocar no próximo pote?

_____ tampinhas.

7. Veja como Carolina obteve o resultado de 2×4 utilizando uma malha quadriculada.

linha

quantidade total de quadradinhos

_____ × _____ = _____

quantidade de linhas com quadradinhos pintados

quantidade de quadradinhos pintados em cada linha

Agora, obtenha o resultado das seguintes multiplicações pintando os quadradinhos correspondentes nas malhas.

A
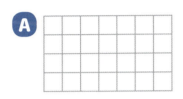

B

Ilustrações: Ronaldo Inácio

$3 \times 3 =$ _____

$2 \times 6 =$ _____

8. Veja o que Ivone, Tiago e Sandro estão falando.

Dmytro Vietrov/ Shutterstock. com/ID/BR

Andrei Shumskiy/ Shutterstock. com/ID/BR

michaeljung/ Shutterstock. com/ID/BR

EU TENHO 4 REAIS.

EU TENHO O DOBRO DA QUANTIA DE IVONE.

EU TENHO O TRIPLO DA QUANTIA DE TIAGO.

Ivone

Tiago

Sandro

Quantos reais cada um deles tem?

Ivone: _____ reais.

Tiago: _____ reais.

Sandro: _____ reais.

Para calcular o **triplo** de um número, basta multiplicar esse número por 3.

9. Rui ganhou de presente de aniversário um caminhão de brinquedo que pode ser montado com 2 cabines e 3 tanques de cores diferentes.

Complete o esquema, pintando as cabines e os tanques com as cores correspondentes.

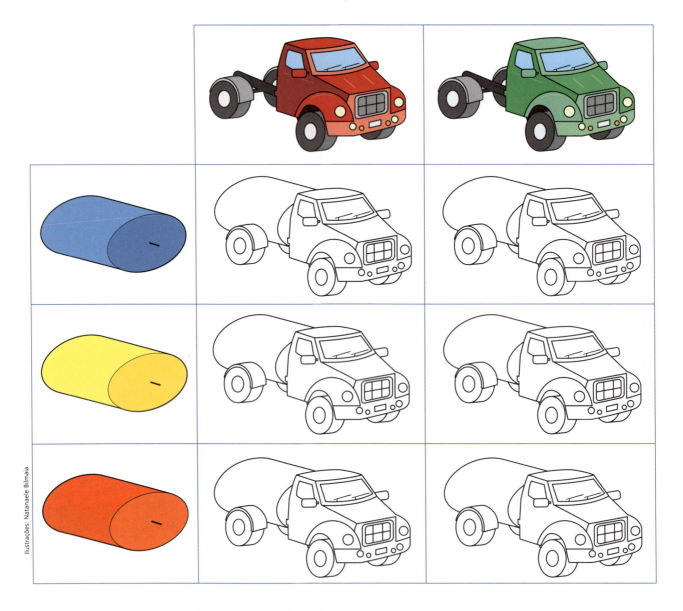

Agora, complete a multiplicação. O resultado obtido representa a quantidade de maneiras diferentes que Rui pode montar um caminhão.

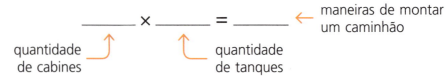

Multiplicando por 4 e 5

10. Ronaldo e seus amigos estão brincando com um jogo de perguntas e respostas. Observe as fichas com os pontos que Ronaldo obteve em uma partida.

2 pontos	2 pontos		3 pontos	3 pontos	3 pontos
2 pontos	2 pontos			3 pontos	3 pontos

a. Quantas fichas verdes Ronaldo obteve? ____ fichas.

b. Quantos pontos vale cada ficha verde? ____ pontos.

c. Quantos pontos as fichas verdes representam ao todo?

Adição → ____ + ____ + ____ + ____ = ____

Multiplicação → ____ × ____ = ____

As fichas verdes representam ____ pontos ao todo.

d. Quantas fichas azuis Ronaldo obteve? ____ fichas.

e. Quantos pontos vale cada ficha azul? ____ pontos.

f. Quantos pontos as fichas azuis representam ao todo?

Adição → ____ + ____ + ____ + ____ + ____ = ____

Multiplicação → ____ × ____ = ____

As fichas azuis representam ____ pontos ao todo.

11. Complete com os números que faltam.

a. $3 + 3 + 3 + 3 = 4 \times 3 =$ _____

b. $8 + 8 + 8 + 8 = 4 \times$ _____ $=$ _____

c. $7 + 7 + 7 + 7 + 7 =$ _____ $\times$ _____ $=$ _____

12. Cláudia efetuou 3 × 2 com auxílio de uma régua.

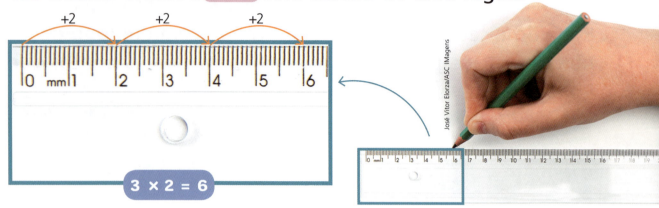

$$3 \times 2 = 6$$

Agora, efetue as multiplicações com o auxílio de uma régua.

a. 4 × 2 = _____   **c.** 2 × 6 = _____   **e.** 3 × 6 = _____

b. 3 × 5 = _____   **d.** 5 × 1 = _____   **f.** 5 × 4 = _____

13. Escreva uma adição e uma multiplicação para representar o total de bolinhas de cada quadro.

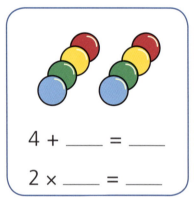

4 + _____ = _____

2 × _____ = _____

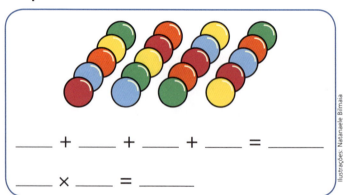

_____ + _____ + _____ + _____ = _____

_____ × _____ = _____

14. Lúcio foi a uma papelaria e comprou quatro embalagens de canetas como a representada a seguir.

a. Quantas canetas Lúcio comprou?

b. Quantos reais Lúcio pagou pelas canetas?

CANETAS

5 reais

Matemática na prática

Recorte os palitos que se encontram na página **217**.

a. Construa quatro figuras como a representada ao lado.

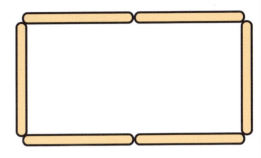

- Quantos palitos você utilizou para construir cada figura?

  _____ palitos.

- Escreva uma multiplicação que represente a quantidade total de palitos que você utilizou para construir as quatro figuras.

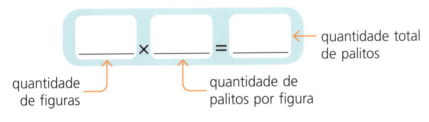

$$\boxed{} \times \boxed{} = \boxed{}$$

← quantidade total de palitos

quantidade de figuras

quantidade de palitos por figura

b. Quantos palitos são necessários para construir 5 figuras como a representada ao lado?

_____ × _____ = _____

Ilustrações: Eduardo C.

15. Olavo foi a uma papelaria e comprou 3 cadernos como o representado abaixo. Quantos reais Olavo pagou pelos cadernos?

6 reais

Caderno

Rafael L. Gaion

16. Orlando organizou sua coleção de chaveiros da seguinte maneira.

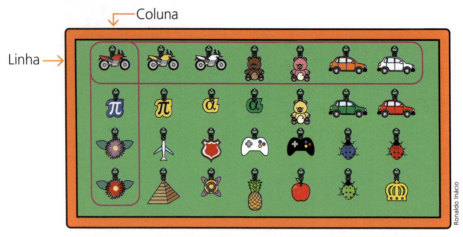

a. Em quantas linhas os chaveiros foram organizados?

_____ linhas.

E em quantas colunas? _____ colunas.

b. Quantos chaveiros Orlando tem em sua coleção?

_____ × _____ = _____ ou 7 × 4 = _____

Orlando tem _____ chaveiros.

Para fazer **juntos!**

Observe a cena e, em seu caderno, escreva o enunciado de um problema. Em seguida, resolva o problema, e depois entregue a um colega para que ele verifique se sua resposta está correta.

 **17.** Veja a sequência de teclas que Douglas digitou em uma calculadora.

$$\boxed{5} \longrightarrow \boxed{\times} \longrightarrow \boxed{8} \longrightarrow \boxed{=}$$

a. Ao digitar essas teclas, qual foi o resultado que Douglas obteve? _____

b. Efetue os cálculos utilizando uma calculadora.

- $4 \times 7 =$ _____
- $3 \times 5 =$ _____
- $3 \times 8 =$ _____

- $5 \times 7 =$ _____
- $2 \times 9 =$ _____
- $4 \times 6 =$ _____

- $5 \times 9 =$ _____
- $3 \times 7 =$ _____
- $4 \times 8 =$ _____

18. Dentre os animais carnívoros existentes no Brasil, a onça-pintada é considerada o maior, atingindo entre 60 e 90 quilogramas de massa. Pode ser encontrada por todo o país, em florestas úmidas e às margens de rios.

Artur Keunecke/Pulsar Imagens

Onça-pintada: cerca de 185 centímetros de comprimento (chega a 242 centímetros, incluindo a cauda).

Este animal, que está ameaçado de extinção, é excelente nadador e caçador. Devido ao seu porte, necessita comer por volta de dois quilogramas de alimento diariamente.

Quantos quilogramas de alimento, aproximadamente, uma onça-pintada precisa comer em:

- dois dias?

- três dias?

- cinco dias?

19. Tadeu comprou a gelatina representada ao lado.

Gelatina
sabor uva

Rendimento: 5 porções

a. Quantas porções de gelatina é possível preparar com o conteúdo de uma caixinha? _____ porções.

b. Se Tadeu usar o conteúdo de quatro caixinhas como esta, quantas porções ele vai preparar?

20. Em uma gincana, Marina precisa atravessar um labirinto. Para não cair em armadilhas, ela deve passar pelo caminho em que os resultados dos cálculos estejam entre 10 e 20. Trace no esquema o caminho que Marina deve seguir.

Divirta-se e aprenda

Caça-números

Vamos precisar de:

- dados e tabuleiro que estão nas páginas **219** e **221**
- objetos para marcar os números no tabuleiro (botões grãos de feijão ou milho)
- tesoura com pontas arredondadas
- cola

Procedimentos:

O professor vai organizar os alunos em duplas e orientar a montagem dos dados. Cada participante deve escolher um objeto diferente para marcar seus números no tabuleiro.

Cada jogador, na sua vez, lança os dois dados e multiplica os números que aparecerem nas faces voltadas para cima. Em voz alta, ele diz qual foi o resultado e localiza o número no tabuleiro, marcando com o objeto em cima do número e não retira, pois o outro colega do grupo vai dizer se ele acertou.

O jogo termina quando todas as casas do tabuleiro estiverem cobertas. Quem tiver a maior quantidade de objetos sobre o tabuleiro vence a partida.

> **Dica** Se o jogador errou ou se o resultado de uma multiplicação já estiver marcado, ele deverá passar a vez sem marcar nenhum número. Se ao lançar os dados aparecer "passa vez", ele deve passar a vez.

Alexandre Barvik

Divisão

1. Na imagem, estão representados os meninos do 2º ano. O professor de Educação Física vai organizá-los em dois grupos com a mesma quantidade de meninos.

a. Quantos meninos há nessa turma? _____ meninos.

José Luis Juhas

b. Em quantos grupos o professor vai dividir os meninos? _____ grupos.

c. Complete e determine quantos meninos vão ficar em cada grupo.

_____ meninos igualmente divididos em _____ grupos é igual a _____ meninos em cada grupo.

_____ **dividido** por _____ é **igual** a _____.

Para resolvermos o item **c**, realizamos uma **divisão**. Veja uma maneira de representar essa divisão.

$$10 : 2 = \underline{\qquad}$$

quantidade de meninos

quantidade de grupos

quantidade de meninos em cada grupo

Podemos usar o símbolo : para representar a divisão.

Em cada grupo vão ficar _____ meninos.

Divisão por 2

2. O professor de Educação Física também vai dividir as meninas do 2º ano em dois grupos com a mesma quantidade de meninas. Veja as meninas dessa turma.

Débora Kamogawa

a. Em quantos grupos o professor vai dividir as meninas?

_____ grupos.

b. Complete e calcule quantas meninas vão ficar em cada grupo.

_____ meninas igualmente divididas em _____ grupos é igual a _____ meninas em cada grupo.

_____ **dividido** por _____ é **igual** a _____.

_____ : _____ = _____

Em cada grupo vão ficar _____ meninas.

3. Em cada quadro, contorne os objetos formando dois grupos com a mesma quantidade de objetos. Depois, complete a divisão de modo que o resultado represente a quantidade de objetos que ficou em cada grupo.

Imagens sem proporção entre si.

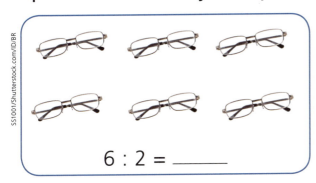

SS1001/Shutterstock.com/ID/BR

6 : 2 = _____

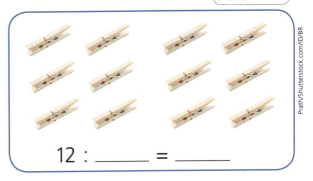

Prath/Shutterstock.com/ID/BR

12 : _____ = _____

4. Andressa e Hélio foram ao cinema e gastaram ao todo 16 reais na compra de dois ingressos para uma sessão promocional.

Sabendo que os ingressos têm o mesmo preço, determine quantos reais custou cada um.

5. Nivaldo comprou alguns balões e pretende dividi-los com sua amiga Angélica.

ANGÉLICA, VOU DAR METADE DOS MEUS BALÕES A VOCÊ.

Cena 1

Cena 2

José Luís Juhas

a. Quantos balões Nivaldo comprou? _____ balões.

b. Quantos balões Nivaldo deu a Angélica? _____ balões.

c. Com quantos balões Nivaldo ficou? _____ balões.

d. Os _____ balões que Nivaldo comprou foram divididos igualmente entre ele e sua amiga Angélica. Nivaldo ficou com a metade dos balões, ou seja, _____ balões, e Angélica, com a outra metade, ou seja, _____ balões.

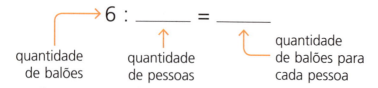

6 : _____ = _____

quantidade de balões

quantidade de pessoas

quantidade de balões para cada pessoa

Para calcular a **metade** de um número, basta dividi-lo por 2.

6. Rodolfo e Maria vão brincar com seus 12 carrinhos. Para isso, eles vão repartir igualmente os carrinhos. Quantos carrinhos cada um vai receber?

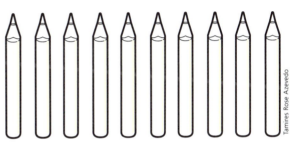

Flavio Pereira

_____ : _____ = _____

> Cada um vai receber
>
> _____ carrinhos.

7. Pinte metade da quantidade de lápis de **azul** e a outra metade de **verde**.

Tamires Rose Azevedo

8. Complete o esquema com os números que estão faltando.

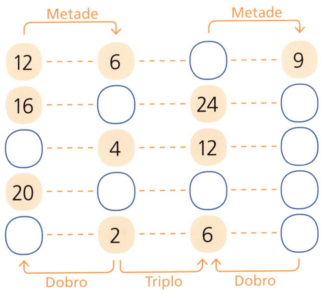

9. Valquíria e Milena comeram juntas metade de uma *pizza*. Sabendo que essa *pizza* tinha 8 fatias, responda aos itens.

a. Quantas fatias de *pizza* as duas amigas comeram juntas?

b. Quantas fatias de *pizza* sobraram?

10. Marcos pretende comprar um carrinho que custa 16 reais. Veja, ao lado, a quantia que ele já economizou.

a. A quantia que Marcos possui é maior ou menor do que a metade do preço do carrinho?

b. Quantos reais Marcos ainda precisa economizar para comprar esse carrinho?

11. Júlio vai preparar algumas tortas de banana. Para isso, ele comprou, entre outros ingredientes, **uma dúzia** de bananas e uma dúzia de ovos.

Imagens sem proporção entre si.

Nesse preparo, Júlio vai utilizar todas as bananas e metade dos ovos, ou seja, **meia dúzia** de ovos.

Complete as frases com os números adequados.

a. Júlio vai utilizar uma dúzia de bananas, ou seja, _____ bananas.

b. Ele também vai utilizar meia dúzia de ovos, ou seja, _____ ovos.

12. Em cada quadro, contorne o que se pede.

Imagens sem proporção entre si.

Uma dúzia de sorvetes

Meia dúzia de piões

13. Veja o que Regina está dizendo. Quantas frutas ela vai colher ao todo?

PRECISO COLHER UMA DÚZIA DE LARANJAS E MEIA DÚZIA DE LIMÕES PARA FAZER UMA SOBREMESA.

Divisão por 3, 4 e 5

14. Observe os cilindros abaixo.

a. Quantos são os cilindros? _____ cilindros.

b. Contorne os cilindros formando grupos de 3 cilindros. Quantos grupos foram formados?

$$12 : 3 = \underline{\hspace{1cm}} \leftarrow \text{quantidade de grupos}$$

quantidade total de cilindros

quantidade de cilindros em cada grupo

Foram formados _____ grupos de 3 cilindros.

15. Contorne as figuras em cada quadro de acordo com a indicação. Depois, complete os cálculos.

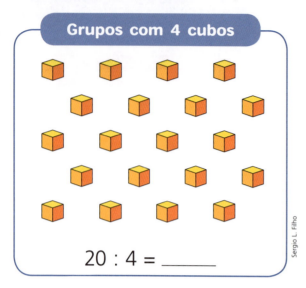

Grupos com 4 cubos

20 : 4 = _____

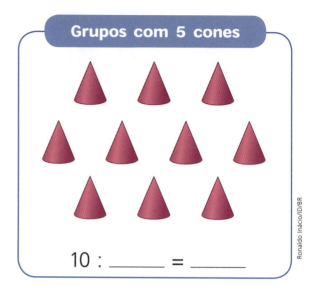

Grupos com 5 cones

10 : _____ = _____

- O que representam os resultados das divisões?

_____

16. Laura efetuou 16 : 4 utilizando risquinhos.

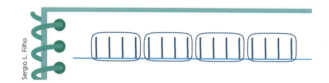

16 : 4 = 4

Dica Laura distribuiu 16 risquinhos igualmente em 4 grupos. Cada grupo ficou com 4 risquinhos.

Agora, utilizando risquinhos ou outros desenhos, efetue as divisões.

A

18 : 3 = _____

C

24 : 4 = _____

B

20 : 5 = _____

D

15 : 5 = _____

17. Luiz e dois amigos estão brincando com bolinhas de gude.

a. Quantas são as bolinhas de gude? _____ bolinhas de gude.

b. Cada amigo recebeu quantas bolinhas de gude?

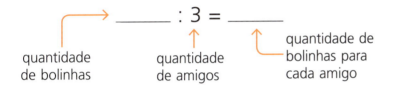

_____ : 3 = _____

quantidade de bolinhas

quantidade de amigos

quantidade de bolinhas para cada amigo

Para calcular a **terça parte** de um número, basta dividi-lo por 3.

Portanto, cada amigo recebeu _____ bolinhas de gude.

18. Nos quadros, os objetos foram contornados formando grupos com a mesma quantidade de elementos. Observe e complete os cálculos.

Imagens sem proporção entre si.

A

$2 \times \underline{\qquad} = 12$

$12 : 2 = \underline{\qquad}$

B

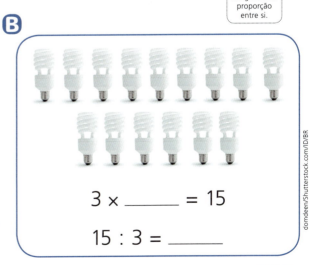

$3 \times \underline{\qquad} = 15$

$15 : 3 = \underline{\qquad}$

19. Jussara obteve o resultado de 15 : 5 com o auxílio de uma régua.

Jussara contou quantas vezes o número 5 "cabe" em 15 e escreveu como resultado da divisão.

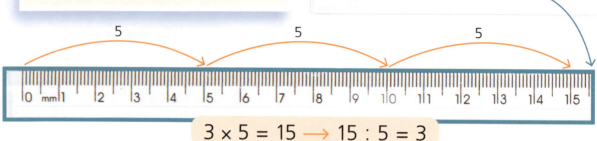

$3 \times 5 = 15 \longrightarrow 15 : 5 = 3$

Usando uma régua, obtenha o resultado dos cálculos abaixo.

a. 16 : 2 = _____

b. 12 : 4 = _____

c. 15 : 3 = _____

20. Em seu caderno, escreva o enunciado de um problema que envolva divisão e a situação a seguir. Depois, empreste o seu caderno a um colega para que ele resolva o problema. Em seguida, corrija o problema.

HOJE, COMPREI 2 DÚZIAS DE BANANAS E 1 DÚZIA DE MAÇÃS.

EU COMPREI A METADE DA QUANTIDADE DE BANANAS E A TERÇA PARTE DA QUANTIDADE DE MAÇÃS QUE VOCÊ COMPROU.

Aprenda mais!

O que você faria se fosse um sinal de dividir? No livro *Se você fosse um sinal de dividir*, aparecem diversas situações do nosso dia a dia em que usamos a divisão.

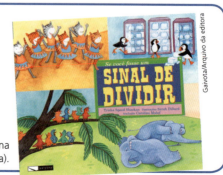

Se você fosse um sinal de dividir, de Trisha Speed Shaskan. Tradução de Carolina Maluf. Ilustrações de Sarah Dillard. São Paulo: Gaivota, 2011. (Matemática Divertida).

Ponto de chegada

Nesta unidade, estudamos as operações de multiplicação e divisão. Vamos recordar? Leia e complete o que falta nos itens.

a. Representamos **adições de parcelas iguais** por meio de **multiplicações**.

Adição
6 + 6 = _____

Multiplicação
_____ × _____ = _____

b. Calculamos o **dobro** e o **triplo** de um número.

Para calcular o dobro de um número, basta multiplicá-lo por dois.

_____ × 3 = 6

O dobro de 3 é _____.

Para calcular o triplo de um número, basta multiplicá-lo por três.

_____ × 3 = 9

O triplo de 3 é _____.

c. Para repartimos igualmente uma quantidade podemos efetuar uma **divisão**.

20 : 5 = _____

Grupos com 5 cubos

Ronaldo Inácio/ID/BR

d. Calculamos a **metade** e a **terça parte** de um número.

Para calcular a metade de um número, basta dividi-lo por dois.

12 : _____ = _____

A metade de 12 é _____.

Para calcular a terça parte de um número, basta dividi-lo por três.

12 : _____ = _____

A terça parte de 12 é _____.

Mãe e filho pescando no cais da praia do Araçá, em Mangaratiba, Rio de Janeiro, no ano 2013.

César Diniz/Pulsar Imagens

Ponto de partida

1. Na cena, a mãe e o filho resolveram pescar em um dia de lazer. Se você tivesse que escolher um dia da semana para fazer um passeio com sua família, qual seria? Por quê?

2. Qual é o seu mês do ano preferido? Por quê?

Medidas de tempo

• Como você costuma contar o tempo no seu dia a dia?

Os meses e o ano

1. Leia o texto.

Seis vezes dois dá doze meses

[...]
Cada mês é um brinquedo,
toda vez que você diz.
Vamos juntos decorar,
pois brincar eu sempre quis!

Se **janeiro** é quem começa,
muita coisa ele traz.
A seguir vem **fevereiro**,
e vem **março** logo atrás!

É **abril** que vem chegando,
maio vem logo a seguir.
Quando **junho** acabar,
o semestre vai partir!

Julho vem trazendo férias,
mas, se eu noto que acabou,
passo logo por **agosto**
e é **setembro** que chegou!
[...]
Outubro é o mês da criança,
e o ano está no fim.
Vem **novembro**, vem **dezembro**,
e o Natal está pra mim!
[...]
Esses são todos os meses,
dão um ano inteirinho.
Se até doze eu contar,
uma dúzia dá certinho!

Seis vezes dois dá doze meses, de Pedro Bandeira.
Em: *Mais respeito, eu sou criança!* 3 ed. Ilustrações de
Odilon Moraes. São Paulo: Moderna, 2009. p. 68-69.

As palavras que aparecem em destaque no texto correspondem aos meses do ano.

Janeiro é o primeiro mês do ano.

a. Qual é o segundo mês do ano? _____

b. Quantos meses tem um ano? _____ meses.

2. Escreva nos quadros e nas linhas o número e o nome dos meses na ordem em que eles ocorrem durante o ano.

(1) → _____   ( ) → _____

(2) → _____   ( ) → _____

( ) → _____   ( ) → _____

( ) → _____   ( ) → _____

( ) → _____   ( ) → _____

( ) → _____   ( ) → _____

3. Carmem, Luciana e Roberto estão conversando a respeito de seus aniversários.

EU FAÇO ANIVERSÁRIO DIA 25 DE AGOSTO.

O MEU ANIVERSÁRIO É DIA 12 DE MARÇO.

O MEU ANIVERSÁRIO É DIA 5 DE NOVEMBRO.

Carmem — Luciana — Roberto

a. Quem faz aniversário antes do mês 5?

_____

b. Quem faz aniversário depois do mês 7?

_____

4. Em um calendário, estão indicados os dias, as semanas e os meses do ano. Em alguns calendários, os domingos e feriados são destacados com uma cor diferente.

Utilizando um calendário do ano em que estamos, resolva os itens a seguir.

a. De que ano é esse calendário? _____

b. Contorne nesse calendário o mês em que você faz aniversário.

5. Pinte de **azul** os quadros com os nomes dos meses que têm exatamente 30 dias e de **amarelo** os quadros com os nomes dos meses que têm exatamente 31 dias.

janeiro	fevereiro	março	abril
maio	junho	julho	agosto
setembro	outubro	novembro	dezembro

a. Qual é o nome do mês representado no quadro que ficou sem ser pintado? _____

b. De acordo com o calendário do ano em que estamos, quantos dias tem esse mês? _____ dias.

Alguns meses do ano têm 30 dias e outros, 31. O mês de fevereiro pode ter 28 ou 29 dias, dependendo do ano.

A semana

6. A seguir, estão representados os nomes dos dias da semana. Domingo é o 1º dia da semana.

1º domingo	_____ segunda-feira	_____ terça-feira	_____ quarta-feira

_____ quinta-feira	_____ sexta-feira	_____ sábado

a. Escreva nas linhas o ordinal referente aos outros dias da semana na ordem em que eles ocorrem.

b. Contorne os quadros referentes aos dias da semana em que você vai à escola.

c. Quantos dias tem uma semana? _____ dias.

7. Leia o poema.

A semana inteira

A segunda foi à feira,

Precisava de feijão;

A terça foi à feira,

Pra comprar um pimentão;

A quarta foi à feira,

Pra buscar quiabo e pão;

A quinta foi à feira,

Pois gostava de agrião;

A sexta foi à feira,

Tem banana? Tem mamão?

Sábado não tem feira

E domingo também não.

111 poemas para crianças, de Sergio Capparelli. Ilustrações de Ana Gruszynski. Porto Alegre: L&PM, 2003. p. 17.

a. Contorne os dias da semana que aparecem no poema.

b. Qual é o dia da semana de que você mais gosta? Por quê?

8. Complete os dias do calendário utilizando o ano e o mês em que estamos.

MÊS: _____   ANO: _____

DOM	SEG	TER	QUA	QUI	SEX	SÁB

Camila Carmona

a. Em que mês e dia da semana estamos? _____

b. Qual é o intervalo de tempo, em dias, entre os dias 4 e 20

desse mês? _____

9. Marta foi ao consultório médico para agendar uma consulta.

BOA TARDE. GOSTARIA DE AGENDAR UMA CONSULTA.

PODE SIM, VOU ANOTAR NA AGENDA DO MEU CELULAR PARA NÃO ME ESQUECER.

BOA TARDE. PODE SER DAQUI A 15 DIAS?

QUA	QUI	SEX	SÁB
4	5	6	7
11	12	13	14
18	19	20	21
25	26	27	28

Ilustrações: Alexandre Barvik

a. Sabendo que Marta foi ao consultório no dia 5/9/2019, contorne no calendário do celular o dia dessa consulta.

b. Em qual dia da semana será a consulta de Marta?

_____

O relógio

10. Podemos dividir o dia em quatro períodos: **manhã, tarde, noite** e **madrugada**.

a. Escreva em qual período você geralmente realiza cada uma das atividades apresentadas nas cenas.

_____

_____

_____

_____

Ilustrações: José Luis Juhas

b. Cite outras atividades que você realiza durante um dia de aula e o período em que elas são realizadas.

_____

_____

_____

11. O **dia** tem **24 horas**. O instrumento utilizado para indicar as horas é o **relógio**. No relógio abaixo está indicado o horário em que Juliana acordou. Observe os ponteiros desse relógio e complete o quadro.

O ponteiro grande aponta para o número _____ e o ponteiro pequeno aponta para o número _____. O relógio está indicando **7 horas**.

Matemática na prática

Recorte as partes do relógio que se encontram na página **223** e construa-o de acordo com as orientações de seu professor. Em seguida, represente a hora indicada em cada relógio abaixo e complete com os números que faltam.

A São 2 horas. O ponteiro grande aponta para o número _____ e o ponteiro pequeno aponta para o número _____.

B São _____ horas. O ponteiro grande aponta para o número _____ e o ponteiro pequeno aponta para o número _____.

C São _____ horas. O ponteiro grande aponta para o número _____ e o ponteiro pequeno aponta para o número _____.

12. Atualmente, também usamos o **relógio digital**. Nesse tipo de relógio, as horas são indicadas por números apresentados em seu visor.

Desenhe os ponteiros no relógio ao lado de acordo com a hora indicada no relógio digital.

Ilustrações: Tamires Rose Azevedo

13. Observe algumas atividades realizadas por Larissa e complete de acordo com os horários indicados nos relógios.

Larissa foi dormir às _____ horas da noite e acordou às _____ horas da manhã. Ela dormiu durante _____ horas.

Ilustrações: José Luís Juhas/ Tamires Rose Azevedo

Larissa chegou à sua sala de aula às _____ horas da manhã e saiu às _____ horas, ou seja, **meio-dia**. Ela passou _____ horas na escola.

14. Resolva os problemas e ligue cada resposta ao horário correspondente que você completou.

A A aula de Lívia começa às 8 horas da manhã e dura 4 horas. A que horas acaba a aula de Lívia? _____ horas.

B Lucas trabalha 5 horas por dia. Ele entra à 1 hora da tarde. A que horas Lucas sai de seu trabalho? _____ horas.

C O bolo que Dona Cleusa faz fica pronto em 1 hora. Se ela começar a fazer o bolo às 2 horas, em que horário ela vai terminar? _____ horas.

15. A festa de aniversário de Taís começou às 2 horas da tarde e terminou às 5 horas da tarde do mesmo dia.

a. Marque com um **X** o relógio que indica o horário de início da festa e contorne o relógio que indica a que horas a festa terminou.

Ilustrações: Tamires Rose Azevedo

b. Quantas horas durou a festa de aniversário de Taís?

Medidas de massa

💬 • Como você faz para saber se um objeto é **mais leve** ou **mais pesado** do que outro?

Fazendo comparações

1. Felipe quer verificar, utilizando uma **balança de dois pratos**, qual brinquedo é o **mais pesado**: a bola ou o carrinho. Para isso, ele colocou um brinquedo em cada um dos pratos da balança, como mostra a figura.

Observe que o prato em que Felipe colocou o carrinho está em posição mais baixa que o prato em que foi colocada a bola. Nesse caso, dizemos que o carrinho é **mais pesado** do que a bola.

Agora, Felipe quer verificar qual é o **mais leve**: o pião ou o carrinho.

Ilustrações: Alexandre Barvik

De acordo com a imagem, o brinquedo mais leve é

o _____.

2. Felipe realizou outras comparações. Observe as balanças e responda às questões.

Qual é o brinquedo mais pesado: a boneca ou o carrinho?

_____

Qual é o brinquedo mais leve: o ursinho ou a bola?

_____

3. A seguir, está representada uma balança conferindo a massa de três objetos em dois momentos diferentes.

A

B

De acordo com as imagens, responda aos itens a seguir.

a. Qual é o objeto mais pesado do item **A**?

_____

b. Qual é o objeto mais leve do item **B**?

_____

c. Escreva o nome dos objetos em ordem crescente de massa, ou seja, do mais leve para o mais pesado.

_____

Conhecendo o quilograma e o grama

4. Para medir a massa de objetos, alguns alimentos, pessoas ou outros animais, podemos usar o **quilograma** (kg) como unidade padronizada de medida de massa.

O instrumento utilizado para medir massa é a **balança**.

Renata e seus amigos foram a uma farmácia para verificar, em uma balança, quem era o mais pesado e o mais leve entre eles.

Renata — 23 kg
Pedro — 26 kg
Lucas — 28 kg
Flávia — 25 kg

Ilustrações: Débora Kamogawa

a. Qual é a pessoa mais leve? _____

Quantos quilogramas ela tem? _____ kg.

b. Quantos quilogramas tem a pessoa de maior massa? _____ kg.

c. Escreva o nome das pessoas em ordem decrescente de massa, ou seja, da mais pesada para a mais leve.

_____

d. Quantos quilogramas você tem? _____ kg.

5. Abaixo, estão representados alguns produtos que Paulo vai utilizar para fazer uma torta. Entre esses produtos, contorne os que são vendidos em quilogramas.

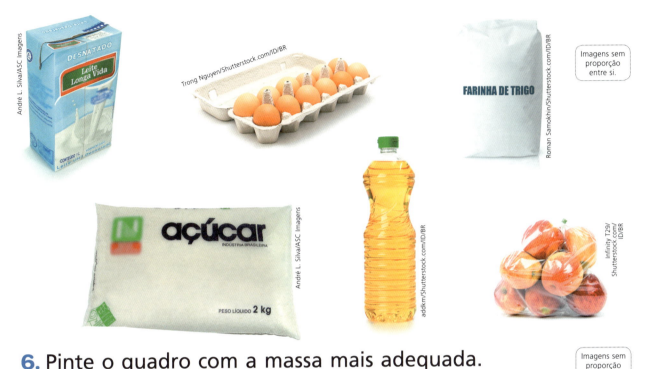

Imagens sem proporção entre si.

6. Pinte o quadro com a massa mais adequada.

Imagens sem proporção entre si.

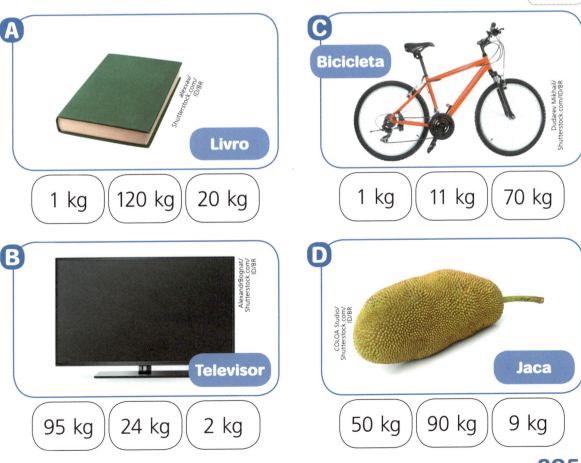

A Livro

1 kg | 120 kg | 20 kg

C Bicicleta

1 kg | 11 kg | 70 kg

B Televisor

95 kg | 24 kg | 2 kg

D Jaca

50 kg | 90 kg | 9 kg

7. Veja o que as crianças estão dizendo e descubra a massa de cada uma delas.

EU TENHO 26 KG

EU TENHO 2 KG A MAIS DO QUE MÁRCIA.

EU TENHO 4 KG A MENOS DO QUE ALINE.

EU TENHO 4 KG A MAIS DO QUE PEDRO.

Aline

_____ kg

Pedro

_____ kg

Márcia

_____ kg

André

_____ kg

8. Além do quilograma (kg), outra unidade padronizada de medida de massa muito utilizada é o **grama** (g). Um quilograma equivale a mil gramas, ou seja:

$$1 \text{ kg} = 1\,000 \text{ g}$$

Escreva a massa indicada em cada balança.

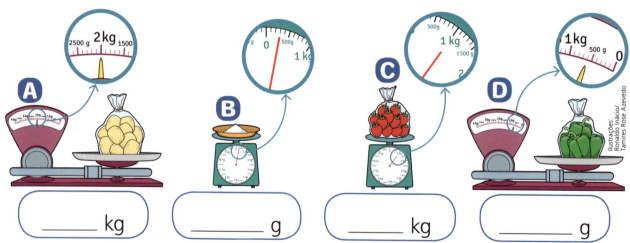

A _____ kg

B _____ g

C _____ kg

D _____ g

a. Qual balança está indicando mais de 1 kg? _____

b. Que balanças estão indicando menos de 1 kg?

_____

9. Na balança abaixo, os dois pratos estão na mesma altura, ou seja, em equilíbrio. Nesse caso, dizemos que eles contêm a mesma massa.

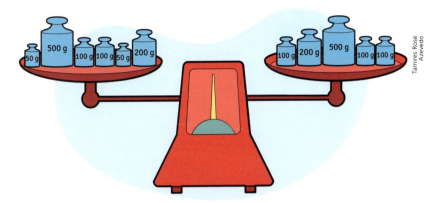

a. Quantos gramas há em cada prato dessa balança?

b. Essa massa equivale a quantos quilogramas? _____ kg.

10. Arlindo verificou a massa de alguns objetos e anotou o resultado de cada um deles no caderno.

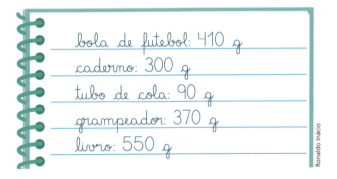

bola de futebol: 410 g
caderno: 300 g
tubo de cola: 90 g
grampeador: 370 g
livro: 550 g

Em seguida, ele realizou outras verificações com os mesmos objetos.

Observe e escreva a massa que deve aparecer no visor de cada balança a seguir.

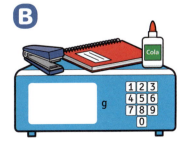

Matemática na prática

Na tabela abaixo, registre a massa de três pessoas.

Massa de algumas pessoas	
Nome	Massa (kg)

Fonte de pesquisa: _____

a. Qual dessas pessoas é mais leve? _____

E qual é a mais pesada? _____

b. A pessoa que você indicou na última linha da tabela é mais leve ou mais pesada do que você? _____

c. Qual é a diferença, em quilogramas, entre a pessoa mais leve e a mais pesada? _____ kg.

11. O tigre siberiano é a maior espécie de tigre existente no mundo. A fêmea, quando adulta, tem aproximadamente 167 kg e o macho chega a ter 140 kg a mais que a fêmea. Esses animais se alimentam da carne de outros animais, podendo comer cerca de 40 kg de carne em uma única refeição.

Tigre siberiano adulto: até 3 metros de comprimento.

S.R. Maglione/Shutterstock.com/ID/BR

Quantos quilogramas, aproximadamente, tem o tigre siberiano macho adulto?

Ponto de chegada

Nesta unidade, estudamos algumas unidades de medida de **tempo** e de **massa**. Leia e complete os itens com o que falta.

a. Conhecemos os **meses** do ano e os **dias** da semana.

b. Vimos que o dia pode ser dividido em **manhã**, **tarde**, **noite** e **madrugada**.

Um dia tem _____ horas.

c. O instrumento utilizado para indicar as horas é o **relógio**.

_____ horas

Relógio de ponteiros

_____ horas

Relógio digital

d. Podemos comparar a massa de dois objetos utilizando uma **balança**.

A boneca é **mais pesada** do que o carrinho.

e. Estudamos algumas unidades padronizadas de medida de massa e suas equivalências.

1 kg = _____ g

BIBLIOGRAFIA

BOYER, Carl Benjamin. *História da Matemática*. Tradução de Elza F. Gomide. São Paulo: Edgard Blücher, 2010.

BRASIL. Ministério da Educação. *Base Nacional Comum Curricular*. Proposta preliminar. Terceira versão revista. Brasília: MEC, 2017. Disponível em: <http://basenacionalcomum.mec.gov.br>. Acesso em: 10 out. 2017.

_____. Conselho Nacional de Educação. *Diretrizes Curriculares Nacionais para o Ensino Fundamental de 9 (nove) anos*. Brasília: MEC/CEB, Resolução n. 7, 2010.

_____. Ministério da Educação. *Diretrizes Curriculares Nacionais Gerais da Educação Básica*. Brasília: MEC/SEB/DICEI, 2013.

_____. Ministério da Educação. *Elementos conceituais e metodológicos para definição dos direitos de aprendizagem e desenvolvimento do ciclo de alfabetização (1º, 2º e 3º anos) do Ensino Fundamental*. Brasília: MEC/SEB/DICEI/COEF, 2012.

_____. Ministério da Educação. Secretaria de Educação Básica. *Guia de Tecnologias Educacionais*: da Educação Integral e Integrada e da Articulação da Escola com seu Território. Brasília: MEC/SEB, 2013.

CARVALHO, Dione Lucchesi de. *Metodologia do ensino da Matemática*. 3. ed. São Paulo: Cortez, 2009. (Coleção Magistério 2º grau).

COLL, César et al. *O construtivismo na sala de aula*. Tradução de Cláudia Sclilling. 6. ed. São Paulo: Ática, 2006.

Educação Matemática e Tecnologia Informática. Disponível em: <http://www2.mat.ufrgs.br/edumatec>. Acesso em: 9 out. 2017.

EVES, Howard. *Introdução à história da Matemática*. Tradução de Hygino H. Domingues. Campinas: Unicamp, 2004.

FAZENDA, Ivani Catarina Arantes et al. *Avaliação e interdisciplinaridade*. São Paulo, vol. 1, número 0: out. 2010. Disponível em: <http://www.pucsp.br/gepi/revista_interdisciplinaridade.html>. Acesso em: 9 out. 2017.

_____. *Integração e interdisciplinaridade no ensino brasileiro*: efetividade ou ideologia. São Paulo: Loyola, 2011.

_____. *Interdisciplinaridade*: História, teoria e pesquisa. Campinas: Papirus, 2012. (Coleção Magistério: Formação e Trabalho Pedagógico).

_____. *Revista Interdisciplinaridade*. São Paulo, vol. 1, número 0, out. 2010. p. 23-37. Disponível em: <http://www.pucsp.br/gepi/revista_interdisciplinaridade.html>. Acesso em: 9 out. 2017.

GUERREIRO, Carmen. Alfabetizador na linha de frente. Em: *Revista Educação*, nº 193, São Paulo, maio 2013. Disponível em: <http://www.revistaeducacao.com.br/alfabetizador-na-linha-de-frente/>. Acesso em: 9 out. 2017.

LUCKESI, Cipriano Carlos. *Avaliação da aprendizagem escolar*: estudos e proposições. 18. ed. São Paulo: Cortez, 2006.

MACHADO, Nílson José. *Epistemologia e didática*: as concepções de conhecimento e inteligência e a prática docente. 5. ed. São Paulo: Cortez, 2003.

_____. *A geometria na sua vida*. Tradução de Eduardo Brandão. São Paulo: Ática, 2009.

MOURA, Dácio G.; BARBOSA, Eduardo F. *Trabalhando com projetos*: Planejamento e gestão de projetos educacionais. Petrópolis: Vozes, 2011.

PAIS, Luiz Carlos. *Ensinar e aprender Matemática*. Belo Horizonte: Autêntica, 2006.

RAMOS, Luzia Faraco. *Conversas sobre números, ações e operações*: uma proposta criativa para o ensino da matemática nos primeiros anos. São Paulo: Ática, 2009.

SUTHERLAND, Rosamund. *Ensino eficaz de matemática*. Porto Alegre: Artmed, 2009.

TEBEROSKY, Ana; TOLCHINSKY, Liliana. *Além da alfabetização*: a aprendizagem fonológica, ortográfica, textual e matemática. São Paulo: Ática, 2008.

REFERENTE À UNIDADE 2 PÁGINA 44

✂ RECORTE

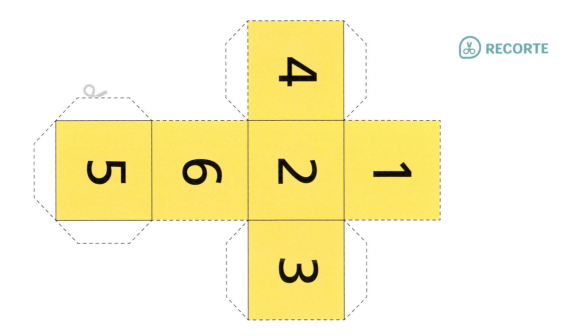

REFERENTE À UNIDADE 2 PÁGINA 45

✂ RECORTE

Ilustrações: Ronaldo Inácio/ID/BR

DADO 1

DADO 2

✂ RECORTE

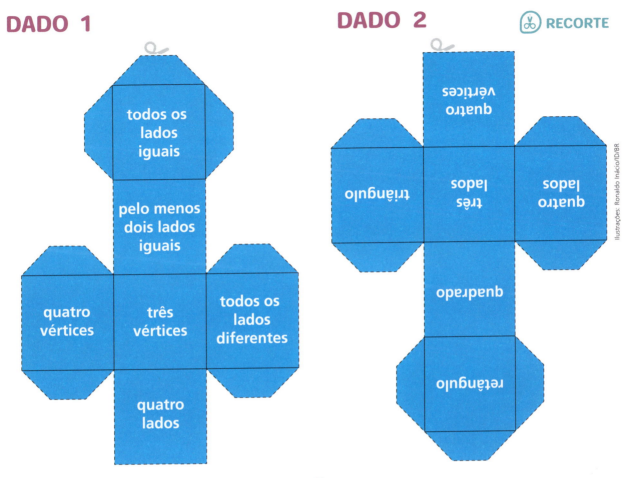

todos os lados iguais

pelo menos dois lados iguais

quatro vértices

três vértices

todos os lados diferentes

quatro lados

quatro vértices

três lados

quatro lados

triângulo

quadrado

retângulo

Ilustrações: Ronaldo Inácio/ID/BR

BOTÕES

✂ RECORTE

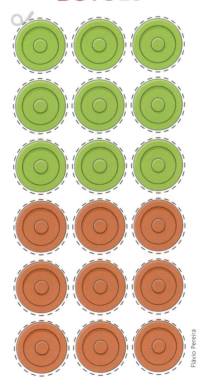

Flávio Pereira

TABULEIRO

 RECORTE

Flávio Pereira

RECORTE

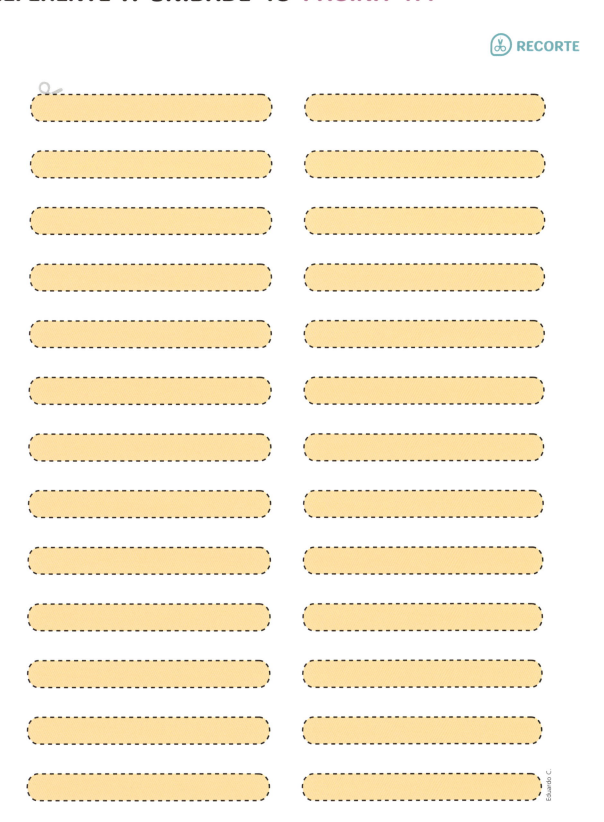

Eduardo C.

DADOS

✂ RECORTE

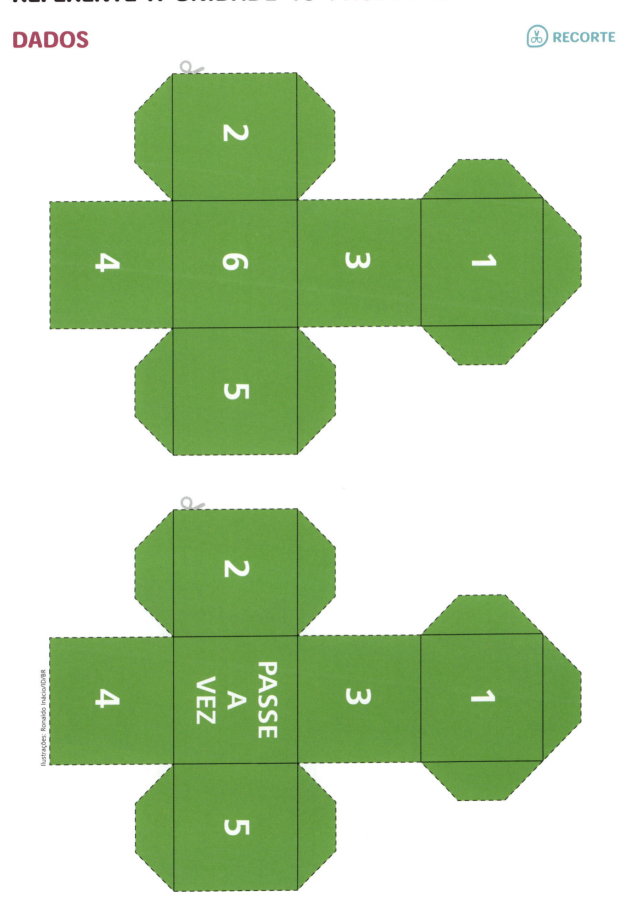

Ilustrações: Ronaldo Inácio/ID/BR

REFERENTE À UNIDADE 10 PÁGINA 181

TABULEIRO

RECORTE

			1			
		15	8	15		
	6	30	4	25	2	
	12	25	5	24	10	
4	16	2		3	20	6
	9	24	5	18	1	
	8	20	16	12	9	
		18	10	30		
			3			

Rafael L. Gaion

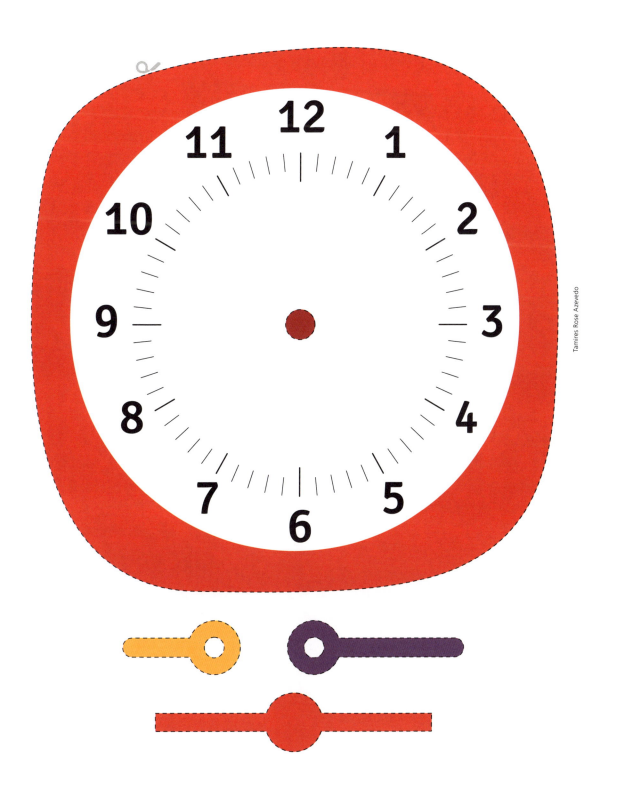

Tamires Rose Azevedo